普通高等学校公共管理类专业卓越人才培养精品教材
丛书编委会

顾　问
朱立言　中国人民大学教授
邓大松　武汉大学教授
徐晓林　华中科技大学教授
赵　曼　中南财经政法大学教授

总主编
许晓东　教育部高等学校公共管理类专业教学指导委员会副主任委员
　　　　华中科技大学教授

副总主编
欧名豪　教育部高等学校公共管理类专业教学指导委员会副主任委员
　　　　南京农业大学教授
孙　萍　教育部高等学校公共管理类专业教学指导委员会副主任委员
　　　　东北大学教授
张　毅　华中科技大学教授

编　委（按姓氏拼音排序）

楚明锟（河南大学）	史云贵（广西大学）
方盛举（云南大学）	孙　健（西北师范大学）
胡晓东（中国政法大学）	王　冰（华中科技大学）
雷　强（中共中央党校（国家行政学院））	杨兰蓉（华中科技大学）
李春根（江西财经大学）	曾宇航（贵州财经大学）
廖清成（中共江西省委党校）	张　节（中国地质大学）

浙江省普通本科高校"十四五"重点立项建设教材

公共管理案例精选

Selected Cases on Public Management

主　编　张凤娟
副主编　张　鹏　闫　丹

华中科技大学出版社
http://press.hust.edu.cn
中国·武汉

内 容 提 要

本书立足于中国国情，立足于"浙江治理与浙江经验"，聚焦我国公共管理改革前沿的实践，共收录公共管理案例 14 个，涉及数字治理、基层治理、共同富裕、社会保障等重要领域。每个案例都从改革背景出发，从多重维度和多个层面提出问题，总结改革内容与改革成效，探索和总结适合中国国情的公共管理规律和方法，便于读者结合案例清晰地理解公共管理的理论和方法。

图书在版编目(CIP)数据

公共管理案例精选 / 张凤娟主编；张鹏，闫丹副主编. -- 武汉：华中科技大学出版社，2024.5. (普通高等学校公共管理类专业卓越人才培养精品教材)(浙江省普通本科高校"十四五"重点立项建设教材). -- ISBN 978-7-5772-0916-6

Ⅰ.D035-0

中国国家版本馆 CIP 数据核字第 2024VH8455 号

公共管理案例精选 张凤娟　主编
Gonggong Guanli Anli Jingxuan

策划编辑：张馨芳　钱　坤
责任编辑：林珍珍
封面设计：原色设计
责任校对：张汇娟
责任监印：周治超
出版发行：华中科技大学出版社（中国·武汉）　　电话：（027）81321913
　　　　　武汉市东湖新技术开发区华工科技园　　邮编：430223
录　　排：华中科技大学出版社美编室
印　　刷：武汉市洪林印务有限公司
开　　本：787mm×1092mm　1/16
印　　张：11.75　插页：2
字　　数：252 千字
版　　次：2024 年 5 月第 1 版第 1 次印刷
定　　价：49.80 元

本书若有印装质量问题，请向出版社营销中心调换
全国免费服务热线：400-6679-118　竭诚为您服务
版权所有　侵权必究

主编简介

张凤娟 女，1978年出生，教授，博士生导师，浙江工业大学公共管理学院党委委员、教育政策与管理学科负责人、现代大学制度研究中心执行主任，曾任公共管理系副主任。

兼任浙江省公共管理学会副会长，中国教育发展战略学会教育政策与规划专业委员会常务理事、学术委员会委员，浙江省教育科技人才强省建设智库联盟副理事长等。在教学方面，作为主讲教师的课程入选国家级一流本科课程、浙江省省级一流本科课程，曾获浙江工业大学本科生毕业论文优秀指导教师等荣誉。在科研方面，出版专著1部、合著3部；在国内重要学术刊物发表论文40余篇，被《新华文摘》、中国人民大学复印报刊资料等多次转载；主持包括国家社会科学基金重大项目等在内的各级各类项目20余项。

前 言
Preface

公共管理学是一门与现实生活联系紧密的社会科学,其涉及以政府为核心的公共组织依法对公共事务进行管理的过程。自20世纪七八十年代西方国家兴起"新公共管理运动"以来,公共事务及其管理过程日益庞杂,公共管理的作用越来越受到社会重视。改革开放以来,我国公共管理的发展经历了起步、过渡、快速推进与全面深化阶段,公共管理理论的发展和政府部门的改革与职能转变相辅相成,扎根于中国实践的中国特色公共管理学逐渐形成,并在学科建设、人才培养、服务实践等方面取得了亮眼的成绩。公共管理研究成果被越来越多地应用于国家治理能力与治理体系现代化、服务型政府建设、城市管理、社会治理、教育治理等实践领域。

在公共管理人才培养方面,我国取得了巨大的成就。公共管理专业的核心是在公共管理领域培养具备扎实的理论基础和较高的实践能力的人才,公共管理专业的学生不仅要掌握管理学、政治学、经济学、社会学等相关学科的基本理论知识,还要具备发现问题、分析问题、解决问题的能力,而这些能力的培养需要学生扎根于中国各地丰富多彩的治理实践。当代中国正在经历广泛而深刻的社会变革。社会变革推进了中国治理的实践创新,为公共管理人才培养提供了丰富的教学资源。案例教学是教师向学生介绍中国发展成功经验、呈现中国治理实践、将公共管理理论与实践相结合的重要路径。2020年8月24日,习近平总书记在经济社会领域专家座谈会上指出"新时代改革开放和社会主义现代化建设的丰富实践是理论和政策研究的'富矿'",希望广大理论工作者"从国情出发,从中国实践中来、到中国实践中去,把论文写在祖国大地上,使理论和政策创新符合中国实际、具有中国特色"。这既是对中国学者提出的理论研究要求,也是对经济学、公共管理学等学科在新时代为国育人、为党育才的方法论的指导。

在当代中国丰富多彩的公共治理实践探索中,"浙江治理与浙江经验"可谓独树一帜。改革开放以来,在党的领导下,浙江人民创造了一个个"无中生有""有中生奇""又好又快"的发展奇迹,书写了中国特色社会主义的浙江篇章。党的十八大以来,浙江为全面深化改革提供了重要样本和宝贵经验,枫桥经验、"最多跑一次"改革、数字政府建设、美丽乡村建设等改革成为公共治理领域改革样本,浙江成为新时代全面展示中国特色社会主义制度优越性的重要窗口,成为高质量发展建设共同富裕示范区。"浙江治理与浙江经验"为公共管理专业人才培养提供了宝贵的教学案例资源。

本书立足于中国国情,立足于"浙江治理与浙江经验",聚焦我国公共管理改革前沿的实践,共收录公共管理案例14个,涉及数字治理、基层治理、共同富裕、社会保障等重要领域。每个案例都从改革背景出发,总结改革内容与改革成效,进而用公共管理的理论和方法提出问题与对策。希望通过本书为公共管理研究者和学习者提供公共管理实践案例,使其更好地探索适合中国国情的公共管理规律与方法。

目 录
Contents

数字治理 /1

数字治理视域下的政务营商环境优化
　　——以杭州"亲清在线"平台为例 /2

城市数字化转型治理视角下的群团组织发展方向
　　——以杭州市"数智群团"建设为例 /16

党建引领多方跨界合作，数字技术赋能社区智治
　　——以杭州市余杭区为例 /27

数字化改革的推进缘何步履蹒跚？
　　——基于杭州市"智慧停车"的案例分析 /38

基层治理 /51

"码"上解纷何以实现？
　　——浙江解纷码矛调机制与优化路径探析 /52

零距离"便民神器"，政务服务送上门
　　——基于西湖景区"流动的行政服务中心"案例 /64

社区治理数字化转型的路径探索
　　——以杭州市为例 /76

整体智治领航向，基层治理开新局
　　——以衢州市基层社会治理"一件事"为例 /87

求和守信，治标治本
　　——浙江省丽水市遂昌县"信用村"基层治理新模式 /101

共同富裕 /113

存入绿水青山，取出金山银山
——浙江省"两山银行"的实践探索 /114

协同治理视角下党建引领助力共同富裕的机制研究
——基于浙江省6个村镇共同富裕的发展模式调研 /130

社会保障 /141

新型养老模式探索："时间银行"
——以杭州市拱墅区为例 /142

社会救助服务供给的制约因素和路径探索
——以宁波市海曙区创新试点为例 /152

托育服务体系建设的优化探索
——基于拱墅区"阳光小伢儿"案例 /163

参考文献 /178

数字治理

数字治理视域下的政务营商环境优化
——以杭州"亲清在线"平台为例①

一、案例背景

2016年3月4日,在全国政协十二届四次会议民建、工商联界别联组会上,习近平总书记提出了构建亲清新型政商关系,以"亲""清"二字廓清政与商的边界,为建设更加科学、良性的市场秩序指明方向。②2019年10月31日,党的十九届四中全会通过的《中共中央关于坚持和完善中国特色社会主义制度 推进国家治理体系和治理能力现代化若干重大问题的决定》提出,坚持和完善社会主义基本经济制度,推动经济高质量发展,构建亲清政商关系的政策体系。2020年年初,突如其来的新冠疫情使得企业难以复工,杭州市建设企业复工申报平台上,短短几天就有超过20万家企业申请复工,政府和企业建立了空前紧密的联系,也为建设智能互联时代亲清新型政商关系、打造国际一流营商环境创造了条件。

新冠疫情对于我国经济社会及人民生活等各方面都产生了不容忽视的影响,特别是抗风险能力较低的中小微企业所受冲击巨大,生存危机加剧。行业调查显示,超过50%的企业认为疫情导致企业损失较为严重,经营出现困难甚至亏损。而疫情本身、疫情管控措施以及企业所有者和员工对疫情的担忧,严重影响了中小微企业复产复工。在经营压力方面,中小微企业面临的最大压力是交通物流阻滞,其次是订单减少和客户流失,供应链也受到了一定的影响,经营成本压力较大。此外,企业当时还面临当地有关政府部门不让开工,复工手续烦琐,缺乏口罩、酒精、体温计,银行不能结汇,员工上班担心被传染,员工返程受限等困难。一些规模较小的企业直接选择"关门大吉"。

疫情来势汹汹,政府亦无法通过传统的方式了解企业的困难和需求。2020年3月2日,为了实现"战疫情,促发展"目标,杭州市亲清新型政商关系数字平台——"亲清

---

① 案例编写:傅媛媛、苏凡、黄思懿、章蕙蓉、许英浩。案例编辑:闫丹。
② "亲""清"风来天地新——政协委员谈落实习近平总书记参加全国两会民建、工商联委员联组会重要讲话精神[EB/OL].(2019-02-21)[2024-02-21]. http://www.cppcc.gov.cn/zxww/2019/02/21/ARTI1550709882149219.shtml.

在线"正式上线。杭州通过"亲清在线"发布了"发放企业员工租房补贴""企业住房公积金降低缴存比例和缓缴"两项惠企政策，将资格初步审查由政府转向企业，既做到了让员工一次不跑，又实现了房租补贴准确到位的目标。除此之外，"亲清在线"平台发放的租房补贴多针对外来务工人员，每人500元补贴"秒到"支付宝账户，切实让外来员工享受到了政府政策福利，感受到了杭州政府的温暖，也在一定程度上降低了企业人力资源流失的风险。政策补贴与兑现"申请快""审核快""发放快"，有力地推动了杭州企业复工复产。在疫情防控形势逐渐转好的阶段，"亲清在线"平台的目标也从"助力复工复产"转向"助力企业解难纾困"。截至2020年9月30日，"亲清在线"平台已上线惠企政策218条，兑现资金54亿元，惠及26万家企业、74万名员工，成功支撑起复杂的政策兑付和在线许可事项，为经济引擎注入强劲动力。

二、案例内容

（一）"亲清在线"平台五大功能

"亲清在线"是"一键通"的新型政商数字协同系统，是贯彻落实习近平总书记关于推动构建亲清政商关系重要讲话精神的具体实践，是杭州支持企业发展的重要平台，也是强化数字赋能、优化政务服务的创新探索。

在此之前，杭州城市大脑是杭州政务服务的中枢系统，每个管理或服务主体都把自己的数据系统接入这个中枢系统，各数据系统在此产生交互和协同。而现在，"亲清在线"平台依托杭州城市大脑这个中枢系统，通过流程再造、公开数据协同、在线互动，实现政务服务效能的提升。"亲清在线"平台主要具有企业诉求在线直达、政府政策在线兑付、政府服务在线落地、政策绩效在线评价、审批许可在线实现等五大功能。"亲清在线"平台一端连接不同类型的企业，另一端连接所有与企业相关的部门，政府端和企业端双向集群式开放，企业端支持多个接口接入，具体如图1所示。

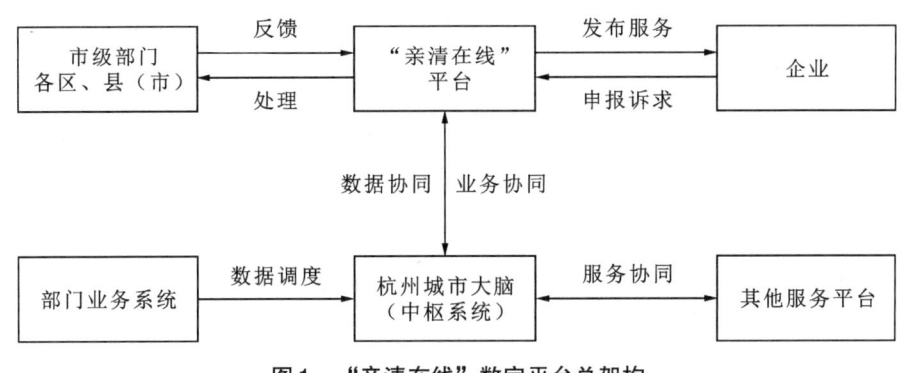

图1 "亲清在线"数字平台总架构

"亲清在线"平台的目标是实现政务服务的流程再造、数据协同、在线互动,帮助政企对接实现五大转变:在政企交流方面,从"上门收集"转变为"在线呼应";在政务服务方面,从"坐店等客"转变为"互动平等";在政策制定方面,从"大水漫灌"转变为"精准滴灌";在政策兑现方面,从"层层拨付"转变为"瞬间兑付";在政策效果方面,从"绩效后评"转变为"实时可测"。

1. 企业诉求在线直达

之前,政府部门了解企业存在的问题、困难和需求,大多是"收集式"的。通过"亲清在线"平台,企业可以随时随地将真正的诉求"一键"直达政府部门,变"上门收集"为"在线呼应"。例如,在"诉求直达"功能下出现了"我要租房"模块。在这里,杭州企业可以为员工申请蓝领公寓,实现在线申请、一键签约、当天入住。2020年4月3日,江干区600余套蓝领公寓房源已率先上线。

2. 政府政策在线兑付

"亲清在线"平台通过接入税务、社保、住保、市场监管、"12345"等部门数据,逐步实现所有政策在线兑付。新冠疫情期间,"亲清在线"平台实现了惠企政策持续在线兑付,切实增强了企业和群众的获得感、幸福感、安全感。该平台最大的特点是通过数据共享改造业务流程,部分政策兑现不需要企业提供材料,变传统的"企业先申报,政府再审核"为"政府先梳理,企业再确认",极大地减少了企业办事环节,实现"瞬间兑付"。

以首批兑现的企业员工租房补贴为例,按照传统线下方式,员工要获得500元补助,企业和个人需要提交工资条和个人纳税凭证、社保缴纳证明、本人和配偶未享受保障房等政策的证明、无房证明、租房合同、结婚证、身份证等7项证明和材料。相关政府部门收取材料后将补贴发放给企业,再由企业发放给员工,审核流程长,中间环节多。按照"亲清在线"平台流程改造后,不需要企业和个人事先提供材料,而是政府制定标准、后台数据协同、明确发放对象,然后由企业在网上确认员工的身份信息、个人账户,之后补贴直接发放至个人账户。如图2所示,企业在平台登录后点击"兑现"即可完成全流程操作。截至2020年3月16日,杭州市已有60万余名企业员工通过平台获得租房补贴。

除此之外,企业还可以在平台上了解各类政策信息,包括传统政策信息以及各类补贴,推动"最多跑一次"改革落地,简化政策落实流程,实现政策到企业再到员工的转化,真正让政策服务于企业、服务于广大人民群众。

图2 "亲清在线"平台兑现操作

3. 政府服务在线落地

"亲清在线"平台通过开放式接口接入政策解读、政策发布等多项服务功能。企业用户可通过PC端、手机端等多种渠道进入平台,并选择政策发布、在线办理、需求服务等相应功能模块,实现线上企业服务和政策兑现"一键通"。

以余杭区为例,余杭区"亲清在线"服务中心通过线上线下相结合,推动惠企举措再升级、惠企服务再升温。"亲清在线"服务中心通过对部门、平台的职能调整和流程再造,整合企业服务职能、政策资源、人员力量,打造集政策查询、诉求响应、项目匹配、资金申报、政策兑现等于一体的网上全周期企业服务超市。

4. 政策绩效在线评价

传统模式对政府相关部门服务优劣的评价机制还不够完善,政策效果的反馈功能还不够完整,而"亲清在线"平台可以让政策的实施情况时刻处在被检查、被反馈的状态,倒逼政府相关部门在政策制定过程中更加谨慎,实现从"绩效后评"向"实时可测"的转变。

5. 审批许可在线实现

"亲清在线"平台是对现有"最多跑一次"改革进行的在线深化,最终是为了实现各种政策的在线许可。该平台"行政审批在线许可"功能分类设置了"投资审批""商事登记(准入准营)""经贸服务""资质认证""员工管理""其他事务"等六大子功能,首批上线83个高频使用的企业事项。截至2020年7月,"亲清在线"平台累计开展服务27万余次，办理各类业务1.6万余件，服务企业1.3万余家，企业开办流程重塑后，办理步骤从11个精简到5个，审批办结时间从1天压缩到30分钟。①

（二）"亲清在线"再次升级，变"惠企直达"

1. 惠企政策"码上兑现"

随着社会的发展，"亲清在线"平台功能进一步完善，数据协同能力更加强大，成功支撑更为复杂的政策兑付和在线许可事项，效果稳步提升。为全面贯彻落实国务院新增财政资金"两直"要求，2020年7月22日，"亲清在线"平台小微企业和个体工商户"两直"资金补助模块正式上线。在短短一周时间内，该平台受理全市36万户市场主体的申请，将12亿元财政资金精准发放给15万户小微企业和个体工商户，成功实现国家级政策资金直达企业。

2. "民生直达"平台延伸

2020年10月13日，杭州发布城市大脑"民生直达"平台，将"直达"理念从惠企向惠民延伸。"民生直达"平台是"亲清在线"平台理念的延伸。基于云计算功能，通过数据协同、流程再造，"民生直达"平台可以自动匹配公共信息，查找服务对象，实现"政策找人"，将补助及时、精准地发放到市民手中，最终实现普惠性享受公共服务"一次都不用跑"，救助政策覆盖"一个都不少""一天都不差"。截至2020年10月14日，"民生直达"平台已有24项市级政策上线入库，兑付资金2.5亿元，32万人受益；为困难群众"9+33"个事项"一件事"办理、"一键直达"创造了基础条件；直接减少社区收集审批材料70多项，平均每天减轻社工工作量约3小时。

"民生直达"平台为解决群众停车难的问题，培育出区域化交通治理跨五大街道、两大商圈的跨大城区、大协同的交通停车治理模式。在数字治理取得一定成效之后，杭州城市大脑的"中枢神经"不断向社会各领域延伸。截至2020年9月23日，杭州城市大脑已建成覆盖公共交通、城市管理、卫生健康等11个重点领域的48个应用场景和204个数字驾驶舱，日均协同数据2亿余次。杭州城市大脑文旅系统的应用场景已将"10秒找房、30秒入住、20秒入园"变为现实，并在西湖景区和四星级以上酒店实现了全覆盖。

---

① 杭州城市大脑推出"线上行政服务中心"涉企审批"一键"直达[OL/N].（2020-07-19）[2024-02-04]. http://zjrb.zjol.com.cn/html/2020-07/19/content_3348558.htm?div=-1.

3. 提升平台访问量和黏合度

"亲清在线"平台不需要企业提供任何数据，而是为企业开放服务互动的窗口。在企业端，一个企业只有一条通道，用户不需要花时间去寻找各个部门的窗口，由此实现企业"最多按一次"。"亲清在线"平台上线伊始，"年税收50万元以下商贸服务企业补贴"和"企业员工租房补贴"作为首批上线的两项政策率先兑付。线上兑付的启动，得到了广大企业和员工的高度关注和积极支持，"码上兑现"的便捷体验获得了广泛"点赞"。

为了让更多企业和员工享受到"码上兑现""瞬时兑现"的优质服务，市、区两级相关部门连续几天通过微信群等渠道"送码到家"，提高企业知晓度和扫码率。"亲清在线"平台上线一周，访问量高达7769万次。"亲清在线"平台一天的访问量，相当于杭州市人民政府门户网站一个星期的访问量，一场政府服务流程再造的变革风暴，在惠企政策"码上兑现"的顺畅体验下悄然酝酿。"亲清在线"平台的政策兑现，不是简单的政策上线，而是端到端、一键直达的在线兑付，实现这一转变的关键是流程再造。

与此同时，还要提升平台黏合度。平台要让企业"爱不释手"，就必须实现"高频使用"。在"1+12"政策集中在线兑付的短期利好释放后，"亲清在线"平台还需要上线更丰富多元、更贴合企业需求、更直击痛点难点的功能和应用，以形成持续的黏合度。为此，"亲清在线"平台设置了"政策兑付""行政许可""诉求直达""互动交流""政务服务"五大功能模块，由杭州市发展和改革委员会、杭州市审管办[杭州市行政审批服务管理办公室（杭州市公共资源交易管理委员会办公室）]、杭州市数据资源管理局负责，与"城市大脑"团队以及阿里巴巴等企业协同创新，加快各个功能模块的开发与上线。截至2020年3月10日，"亲清在线"平台共汇总各区县（市）及钱塘新区、西湖风景名胜区等15个单位报送项目61个，其中优选项目18个，集中于用工补助、高层次人才补助、降成本补助、餐饮零售商贸业补助等8个方面。这些政策的陆续上线兑付，将给企业和员工带来更多更充实的获得感。

（三）单一界面多方治

1. 单一界面，简约高效

相关研究表明，平台页面复杂度会激发浏览者对页面的初始情感反应，进而影响其接下来的浏览行为。[①]如何在网页上有效地传递政策信息，已经成为平台设计者注重研究的问题之一。一方面，单一界面有利于搜索引擎抓取和收录网站的内容，在只有一个

---

① 沈毅俊. 基于AngularJS的单一页面web应用图形用户界面的测试研究[D]. 上海：上海师范大学，2016.

页面的情况下，抓取、收录和展现都是顺理成章的事情；另一方面，单一界面的网站更便于用户操作，在页面极简的情况下，通常无须页面跳转，用户仅进行下滑和点击操作就可以浏览全部网页。如图3所示，杭州"亲清在线"平台整体界面简约、清晰。

图3 "亲清在线"平台界面

2. 平台同建，多方共治

"亲清在线"平台的成功搭建离不开政府部门与多方协同治理，这体现在政府内部的协同、线上线下的协同以及"亲清在线"价值体系的构建。其中，政府内部协同是指两个以上的部门在信息、资源、行为、能力等方面进行衔接和共享，实现依靠个别部门或组织无法达到的目标。

我国政府网站建设倡导信息共享、平台开放、多向互动，不断深化"一站式"服务平台发展。[①]在"亲清在线"平台上，杭州市市场监督管理局、杭州市发展和改革委员会、杭州市审管办、杭州市规划和自然资源局、杭州市城乡建设委员会、杭州市税务局、杭州市人民政府外事办公室、各级住建局等部门各自建立了专门工作小组参与平台建设（见图4），形成多方协同治理合力，共同为营商环境优化交出杭州答卷。

在线上线下协同方面，"亲清在线"平台将线下业务转移到线上时，基本未改变线下的常规业务申报与审批流程，而是将线上作为线下业务的拓展与延伸。为促进企业与政府部门的即时联动，"亲清在线"平台更是将人工客服作为线上线下联系的重要窗口。江干"亲清D小二"工作时间实时在线（9：00—17：00），非工作时间推行值班服务制度（17：00—21：00），对企业提交的咨询、申诉、困难诉求即时响应，同时开设了可24小时提供服务的人工热线，为企业解决问题。

---

① 庞宇.协同治理视角下政府网站建设探析[J].行政与法，2019（10）：29-39.

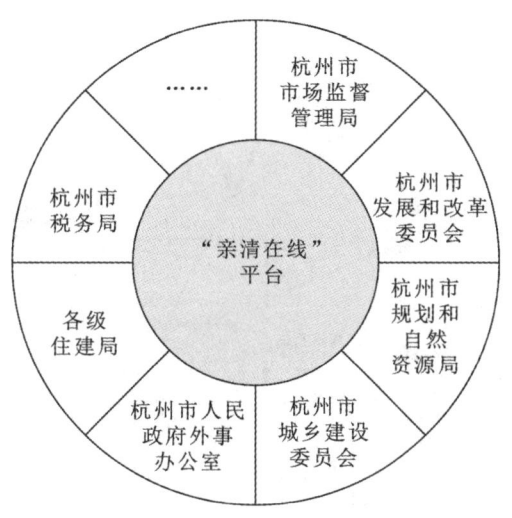

图 4 "亲清在线"平台多方协同治理

"亲清在线"不是形式化的平台,其核心是构建了"亲清在线"价值体系。"亲清在线"是在杭州城市大脑的全面支撑下,通过对政府部门"轻量级"资源整合、数据协同,形成的政商"直通车式"在线服务平台。平台以"大道至简"的服务理念为指引,以更精准、更直达、更主动的服务方式,实现政府与企业的在线互动、平等互信。平台在通过优化营商环境改变企业内部行政方式的同时,更传递了"平等互信、始终在线、亲而有界"的"亲清在线"理念。

三、案例成效

(一)平台构建与场景拓展

"亲清在线"平台是浙江省"最多跑一次"改革的深化与延续,是杭州城市大脑应用场景的再拓展。平台从制度设计源头出发,确保"数据多跑路、群众少跑腿"落到实处,在更大的范围、更宽的领域、更深的层次上倒逼政府进行自我改革,推动了管理服务模式的重塑。在"亲清在线"平台上,企业在线提交资料之后,平台通过后台数据进行协同比对,判断情况是否属实。若属实,则在线兑付;若不属实,则判定申请失败。整个对比过程用时不超过1分钟,推动了改革从"最多跑一次"向"最多跑零次"转变。

在此之前,杭州城市大脑已全面铺开,覆盖警务、交通、城管、文旅、卫健、房管、应急、农业、环保、市场监管、基层治理等11大系统、48个应用场景。杭州城市大脑如图5所示。"亲清在线"平台正是对杭州城市大脑应用场景的进一步拓展,弥补了杭州城市大脑在商业环境应用方面的不足。

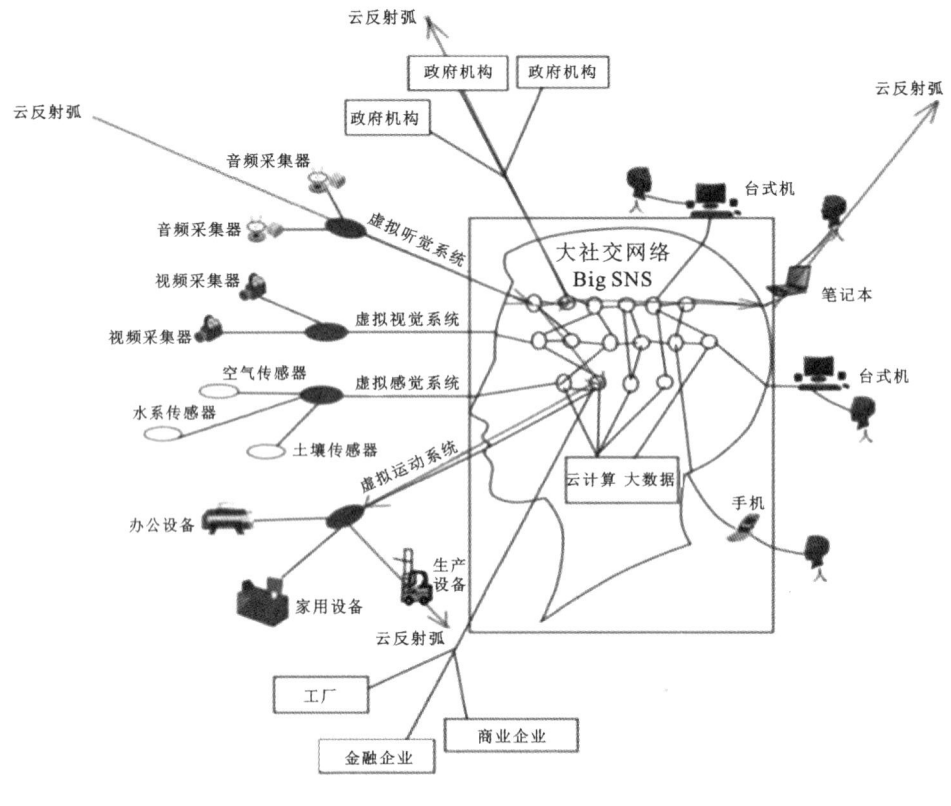

图5 杭州城市大脑

（二）组织流程同再造，消减寻租迎重构

长期以来，市场主体在政府相关部门办事面临"门难进、脸难看、事难办"的困境。近年来这一现象有所缓解，但是仍然存在政府政策对市场主体不透明、不开放的问题，各种新政策、新规定和新办法，市场主体看得见却摸不着，兑现和落实起来十分困难。通过"亲清在线"平台，营商环境进一步优化。各项政策可以"一键直达"市场主体，实现政策兑现简洁方便、市场主体易于使用的效果（见图6）。流程再造极大地精简了环节、缩短了审批时间，用极短的时间将普惠政策落实到企业员工和市场主体，增强了政府与企业之间的信任度。

"亲清在线"平台创新了政商沟通方式，企业可以通过平台设置的诉求直达、互动交流模块，直接留言，提出困难、需求或意见建议，政府相关部门也能在平台上获得政策的执行效果和政策完善建议的一手信息，使得政企之间的沟通更加便捷高效。政府相关部门通过"亲清在线"平台了解企业发展的痛点和难点，为其提供及时有效的支持，这将更进一步改善政企关系，推动透明政府、服务型政府建设。

流程再造同时提升了政企互信水平。信任是新型政商关系构建的难点，政府部门的层层审批制，在某种程度上说正是对企业的不信任，而现实生活中也确实有一小部分企业存在制造假冒伪劣产品、偷逃税款、拖欠工资等行为。"亲清在线"平台推动了政企互信的实现。首先，企业不再需要层层递交审批材料，通过大数据比对，政府相关部门可以得到企业真实的经营数据，根据企业的诚信状况给予补贴；其次，对企业实行承诺制，企业在获得优惠政策的同时，要保证自身所递交材料和数据的真实性，这无形中加强了企业的自我约束，推动了企业的诚信建设；最后，对有制造假冒伪劣产品、偷逃税款、拖欠工资等行为的企业不给予任何政策优惠，这在无形中规范了企业的经营行为，推动了企业的诚信经营。

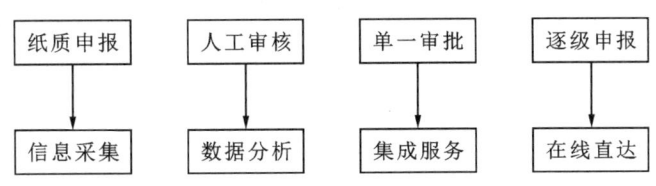

图6 在线许可模块的颠覆性改革

（三）提升政府服务效能

"亲清在线"平台在信息技术的作用下呈现一体化特征。信息技术的发展改变了信息传播的载体、渠道，使得政府部门间、层级间的信息传递和交流变得更加直接。政府部门搭建"亲清在线"这个统一的政务服务平台，作为打造"无缝隙"政务服务的支撑点，使得各个部门的政务服务系统形成集成效应，解决了传统政务服务当中部门割裂的运行问题，杜绝了政府部门间服务断层的现象。在以技术赋能政务服务的过程中，提升政务服务的完整性、协调性和连续性，为"无缝隙"管理创造条件。平台的实时在线兑付离不开各部门数据的接入与比对，是税务、社保、住建、市场监管、个人信用等多方数据碰撞与比对的结果，其创新了政府服务的形式，提升了政府服务的效能水平。

四、政务营商环境的优化路径

（一）新关系——坚持以"亲""清"为核心的新型政商关系

政务营商环境的优化可以促进市场经济的稳定发展，而政商关系的处理直接情况决定了政务营商环境优化能否成功。政商关系实际上有三个维度：第一个维度是政治和经济的关系；第二个维度是政府和企业的关系；第三个维度是政府官员（领导干部）和企业家的关系。它们分别属于宏观、中观、微观层面。随着社会主义市场经济体制的建立和完善，我国政治和经济之间的辩证统一关系已经形成；市场在资源配置中的决定性作用使政府和企业之间的关系逐渐厘清。唯有微观层面的政府官员（领导干部）和企业家的关系问题尚未完全解决，成为政商关系中的核心矛盾。

构建政府与企业之间的新型关系，既要"清"也不能忘"亲"。所谓"清"，就是企业洁身自好、走正道，做到遵纪守法办企业、光明正大搞经营。所谓"亲"，就是企业积极主动与各级党委和政府相关部门沟通，讲真话，说实情，谏诤言，满腔热情地支持地方发展。杭州推出的"亲清在线"平台遵循从"放管服"改革到构建"亲""清"政商关系要求，体现了杭州政府对于政务环境的重视。

构建"亲""清"新型政商关系，还要完善相关配套措施。政商之间坚守"君子之交淡如水"的原则，用法治限制政府的权力和资本的力量，使政商各行其道、各归其位、各得其所。要营造领导干部亲近企业家的良好氛围，制定相关指导细则，建立相应工作机制，为勇于服务企业的领导干部"撑腰"，打消领导干部服务企业的顾虑。要维护企业家的正当权益，保护他们的财产和人身自由免受非法侵害，使他们敢于跟领导干部交心、交朋友，积极为地区经济发展、政策优化出谋划策。

（二）新模式——透明化倒逼政务服务整合与流程优化

1. 促进政务服务整合

"互联网＋"作为政务服务改革的技术支撑和治理工具，为政府角色由管制者向服务者转变带来了极大的便利，以往政务服务过程中条块分割、权力寻租的现象在"互联网＋"技术赋能下得到了有效的遏制，而政务服务水平的提升直接提高了政务营商环境的便利性。

浙江"最多跑一次"改革依靠互联网及大数据领域的独特优势，在商务领域的成功做法基础上，运用互联网思维，在全国率先提出建设省市县统一架构的网上政务服务平台，建成集行政审批、政务公开、便民服务、效能监察、数据开放、互动交流等功能于一体的网上政府。但是就目前而言，相关网上平台过多，企业无法及时地了解各个平台的政策，例如杭州"亲清在线"平台未涉及浙江省的惠企政策，很多信息仍须通过第三方中介进行了解，因此平台整合对于实现政务服务整合至关重要，只有这样才能保证政策覆盖的全面性和便捷性。

2. 促进政务服务流程优化

目前,我国政务服务过程中存在的问题集中体现为以政府相关部门为核心的业务流程无法满足新公共管理时代"顾客和结果"导向的内在要求,因此需要对政府相关部门业务流程进行再造。"互联网＋政务"并不是简单地在行政服务中心网站上提供行政审批信息、表格下载等基础服务,而是通过业务流程再造实现组织结构重组。也就是说,必须改变条块分割、层层节制的传统科层制工作模式,以顾客为导向、以降低群众和企业办事成本为宗旨。这就需要重构现有政务服务在横向流程、纵向层级上的逻辑关系,形成高效、便捷的跨部门、跨层级的业务流程,覆盖审批事项受理和办结的全过程。

(三) 新导向——绩效导向下政务营商环境评价体系

作为专业术语,"营商环境"通过世界银行的研究为公众所熟知。为衡量各国营商环境情况,世界银行每年都会发布一份营商环境报告,通过开办企业、办理施工许可证、获得电力供应、登记财产、获得信贷、保护少数投资者、纳税、跨境贸易、执行合同以及办理破产等十个指标,对经济体的中小企业营商环境进行全面评估并排名。以世界银行营商环境指标体系为依据,表1比较了中国与其他国家在手续、时间、成本三个维度的营商便利度。数值越低,代表营商便利度越佳。可以看到,我国各项指标数值都普遍高于其他三个国家,表现最差的是办理施工许可证和获得电力供应,这两项指标在三个维度上都呈现绝对高值。其中,在我国办理施工许可证需要247.1天,而在新加坡仅需要54天;在我国获得电力供应的成本占人均收入的356%,是新加坡(25.3%)和美国(23.7%)的十余倍。

此外,手续、时间、成本三个维度密切相关,这三个维度的数据通常呈正相关,即某个事项经过的手续越多,用时就越长,相应的成本也就越高。但由于各国基本国情不同,三个维度的国家间对比未必遵循正相关规律。以开办企业为例,我国与美国在开办企业手续上所需数量大致相同,但用时多出17.3天。究其原因,美国开办企业所需办理的6道手续中,提交公司基本信息、登记失业保险等大部分手续都是通过网上办理,而我国所需办理的7道手续都是通过线下办理。此外,我国开办企业用时过多。这些差距表明我国近年来开展的商事制度改革,虽被世界银行于2015年、2017年、2018年记录为进步举措,但与具有优良的营商环境的国家相比,仍有较大的提升空间,我国正在进行的"互联网＋政务服务"改革,还需要进一步深化落实。

表 1　中国与新加坡、新西兰、美国的营商便利度比较

	指标		中国	新加坡	新西兰	美国
手续	开办企业（数量）		7	3	1	6
	办理施工许可证（数量）		23	10	11	15.8
	获得电力供应（数量）		5.5	4	5	4.8
	登记财产（数量）		4	6	2	4.4
时间	开办企业（天数）		22.9	2.5	0.5	5.6
	办理施工许可证（天数）		247.1	54	93	80.6
	获得电力供应（天数）		143.2	30	58	89.6
	登记财产（天数）		19.5	4.5	1	15.2
	纳税（小时数/每年）		207	64	140	175
	跨国贸易	出口用时（小时）	47.1	12	40	3
		进口用时（小时）	158	36	26	9
	执行合同（天数）		496	164	216	420
	办理破产（年数）		1.7	0.8	1.3	1
成本	开办企业（人均收入百分比）		0.6	0.5	0.3	1.1
	办理施工许可证（仓库价值百分比）		7.8	6.2	2.3	0.9
	获得电力供应（人均收入百分比）		356	25.3	72.4	23.7
	登记财产（财产价值百分比）		3.4	2.9	0.1	2.5
	总税率（商业净利润百分比）		67.3	20.3	34.5	43.8
	跨国贸易	出口成本（美元）	568.7	372	404	235
		进口成本（美元）	915.9	260	447	275
	执行合同（标的额百分比）		16.2	25.8	27.2	30.5
	办理破产（资产价值百分比）		22	4	3.5	10

基于此，我国应持续建设透明高效的政务环境。政府作为优化营商环境的主体，其自身改革是营商环境改善的关键。[①]一方面，深化行政审批制度改革，加强顶层设计，从行政职权体系的合理分工出发，精简事项、优化流程，公开各级政府部门审批事项清单；另一方面，继续推进"互联网＋审批"建设，打造大数据横纵贯通的全系统审批平

---

① 后向东.论营商环境中政务公开的地位和作用[J].中国行政管理，2019（2）：17-22.

台。在横向上,便利审批数据在各部门之间的互联互通;在纵向上,加强顶层设计,实现中央政府与地方政府以及地方政府之间审批数据的交换和共享。①

📖 案例点评

习近平总书记用"亲"和"清"两字精准定位新型政商关系,构建"亲""清"政商关系是社会主义市场经济发展的内在要求。如何提取杭州数字治理的"最大公因子",将"亲""清"思想的杭州实践向全国延展,从而助力营商环境优化,是值得人们深入探讨的议题。"亲清在线"平台是浙江省"最多跑一次"改革的深化与延续,是杭州城市大脑应用场景的再拓展。在"互联网+政务服务"的大背景下,"亲清在线"平台倡导以用户为中心,将以往政务服务系统的建设由管理者的视角转向被管理者的视角,以连接为能力,打造营商政务服务闭环流程;以数据为基础,基于杭州城市大脑,连通营商数据"孤岛",实现以营商主体为中心的智能化服务;以融合为手段,以"基于需求的整体主义"为理念,实现传统营商服务向现代营商服务的转型。通过优化营商环境,在改变企业内部行政方式的同时,传递"平等互信、始终在线、亲而有界"的"亲清在线"理念。杭州这座数字之城,不仅掀起了一场政府服务流程再造的变革风暴,更以"亲清在线"平台为纽带,营造了政企之间"清上加亲、在线互动"的良好环境。

(点评人:吴伟强 教授)

---

① 彭向刚,马冉.政务营商环境优化及其评价指标体系构建[J].学术研究,2018(11):55-61.

城市数字化转型治理视角下的群团组织发展方向
——以杭州市"数智群团"建设为例[①]

一、案例背景

在互联网和数字化改革高速发展的时代,各个群团组织作为相互独立的个体创建平台、提供服务,比如创建公众号、小程序、网站、App等,便于服务对象获取信息、参与组织活动等。虽然这样的数字化平台使得社会公众获取资源更加容易、获取的信息更加广泛、参与活动更加便捷等,但是也产生了一些负面效应。比如,各个群团组织和相关政府部门都创建了自己的服务平台,使得各类服务平台多且杂,社会公众有时每参与一个活动、了解一条信息、报名一次志愿服务等都要关注一个公众号、添加一个小程序或者下载一个应用软件,这无形之中给公众带来了不必要的麻烦,也间接成为群团组织和相关活动增强社会吸引力的绊脚石,不利于群团组织自身的成长,也不利于发挥群团组织应有的促进社会和谐发展的效应。

多且杂的独立服务平台不仅使社会公众感到困扰和麻烦,还会导致群团组织之间、群团组织与政府相关部门之间、政府部门之间的数据和信息不能互联互通共享,难以开展有效协作,形成各类信息资源整合以及各公众服务平台之间的信息"孤岛"。群团组织体系中多元主体之间的协作和资源交流非常少,在一些情况下甚至可能存在矛盾和冲突,这使得群团组织的管理和服务呈碎片化状态,各个群团组织和相关政府部门之间凝聚力不强,不利于群团组织的建设和发展。

杭州市群团组织的数字化改革与建设也一直在与时俱进地推进中。"数智群团"系统推出以前,杭州市群团组织建设过程中不乏"数智"平台,比如滨江区"数智滨团"、西湖区楼宇(商圈)群团"一屏共建"、杭州市妇联的"家和智联"、中国(杭州)知识产权·国际商事调解云平台等。这些"数智"平台取得了亮眼的成绩,积累了成熟而有效的经验。然而,在群团组织工作数字化改革与建设高质量发展的进程中,依旧存在一

[①] 案例编写:吴梦恬、徐陈莉、曾颖静、鲁佳滢等。案例编辑:张鹏。

些问题和负面效应，比如群团组织人力资源、阵地资源、信息资源等亟待得到统一而有效的收集、归纳、整合和分析，以便更好地为群众提供服务。

二、案例内容

（一）具体做法

2021年3月，杭州市为积极响应群团组织工作数字化改革先行先试要求，由杭州市总工会牵头、15个群团组织共同参与的"数智群团"建设工作专班成立。2021年4月28日下午，"数智群团"建设工作专班全力打造的杭州市"数智群团"服务系统正式上线。该系统通过数字化改革改变以往各个群团组织以线下为主、单独运行的传统工作模式，由杭州市总工会负责牵头组织共建工作，对接市人社局、市场监管局等部门，打通企业数据对接端口，并由基层工会牵头相关群团"共享一支队伍、共用一个系统"，打破群团组织与政府部门、社会组织、企业等之间的数据壁垒，实现资源整合、力量融合、工作聚合。各级群团提供的生活服务、维权帮扶、公益救助等项目以及各类活动安排等资讯，职工群众可通过"群团集市"一键知悉。

"群团集市"是杭州市总工会、共青团、妇联、文联、科协、侨联、贸促会、残联、工商联、社科联、关工委、红十字会、法学会、友协、计生协等15家群团共同打造的面向社会的一站式服务平台，其坚持"党政所需、群众所盼、群团所长"理念，让群众更便捷地享受群团改革红利。

"数智群团"服务系统以"1+5+1+N"为整体架构，其中，两个"1"分别代表一体化数字驾驶舱和群团公共服务平台，"5"代表五大协同管理系统，"N"表示N个应用场景。

1. 一体化数字驾驶舱

一体化数字驾驶舱，顾名思义，即依托大数据、云计算、人工智能、区块链等信息技术，将传统的核心管理控制平台改造成数字化、智能化、在线化的能够将各种分散的、全面的、全领域的原始信息进行收集、分类、处理、合理布局和统筹整合，并将这些数据资源进行综合分析和综合展示的一体化数字平台。"数智群团"服务系统的一体化数字驾驶舱拥有五块数据大屏，工作人员可以通过数据量化的指标深入研究实干群团、品牌群团、为民群团、红色群团、数智群团等五大群团的建设情况，还能够依据条线、区域等多维度在线查看、分析群团组织建设和干部队伍建设的实时情况，深入了解杭州数智群团改革的特色工作品牌，还可以了解杭州群团组织是如何协助城市社会治理以及杭州亚运会等工作的。一体化数字驾驶舱具备对下辖群团系统的各种信息进行实时抓取、深度分析、动态呈现的能力。群团组织治理的决策者能够依据该平台所拥有的那些经过数据赋能、算法整合的信息进行科学分析，做出精准决策。一体化数字驾驶舱能够推动群团组织管理模式向科学化、智能化、一体化发展，同时能够有效解决群团组织在社会治理中信息沟通不畅、资源分散、难以协作等问题。

2. 群团公共服务平台

群团公共服务平台是指由浙江政务服务网和杭州市总工会联合打造的实现群团信息资源和服务数字化集成化的面向社会公众的"群团集市"服务端。"群团集市"汇聚了杭州市大部分群团资源，社会公众可以通过支付宝或微信公众号"群团集市"链接至"浙里办"小程序，也可以直接通过"浙里办"应用客户端搜索"群团集市"进入该群团组织系统平台。"群团集市"的主页包括活动集市、服务集市、阵地集市、你呼我应和风采展示五大功能模块。其中，活动集市包括热门活动、福利、公益、交友、文体、培训等功能小模块；服务集市包括一键入群、教育培训、交友联谊、和睦e家等模块；阵地集市包括运动场地、爱心驿家、城管驿站、文化场地、会议场地、母婴室、救护站等模块；你呼我应包括生活服务、咨询建议和寻求帮助三个服务模块；风采展示包括热点关注、最新动态、视频、专题、人物五个模块。该服务端将群团服务工作从传统的线下和分散的线上转移到了统一的互联网线上大平台服务端，使群团服务更加高效便捷。

3. 五大协同管理系统

五大协同管理系统包括组织共建系统、阵地共拓系统、活动共推系统、资源共享系统和风采共展系统。

（1）组织共建系统

组织共建系统是指各个部门和组织通过信息与数据共享，着力打通人力社保部门、市场监管部门、财政部门、税务部门和各个群团组织的基础数据库，打破数据壁垒，免除了线上或线下为获取数据而进行的交流和跑腿工作。组织共建系统要求各群团组织进行深度合作，建立信息共享、机制共通、管理共进、难题共解的组织共建新模式，通过进行严谨仔细的比对、筛选以及摸清正在等待创办的企业，将单建转变为共建，积极推动"三建"联动。

（2）阵地共拓系统

阵地共拓系统是指整合党群服务中心、群团组织、社会组织等拥有的分散的阵地资源，建立跨群团、跨组织、跨区域的预约通道。各个群团组织都可以跨群团、跨组织、跨区域地查询和使用市域内各党群服务中心和群团组织的线下阵地，充分利用阵地资源共同举办活动，使群团组织的活动有更多人参与，辐射区域更广，提高各个阵地的使用效率。比如，遍布杭州大街小巷的"爱心驿家"，便是由各个党群服务中心、各个群团组织和爱心企事业单位提供的办公场地建设而成的。这些原本分散的阵地资源，经过系统的归纳和整合，成为活跃于全杭州的"爱心驿家"。用户通过"群团集市"能够查询最近的阵地资源。

（3）活动共推系统

活动共推系统是指定期采集各层级各个群团组织的活动规划，对相同时段、相同类型的群团活动进行整合，这不仅可以减少资源浪费，还可以扩大活动和群团组织的影响力。

（4）资源共享系统

资源共享系统是指以群团资源数字化和跨部门数据归集共享为重点，对各层级的各个群团组织的信息、服务、阵地等资源进行归类和整合，建立群团之间互联互通共享的机制和通道，推动群团由"群"向"团"转变，提升群团工作的能力和效率。

（5）风采共展系统

风采共展系统是指构建一个完整的重大任务贯彻落实的工作机制，形成各项任务"交办—认领—推进—展示—评价"的工作闭环，支持各级群团互相学习，在合作中竞争，在竞争中合作，超越自我、超越其他组织，实现群团组织之间工作经验的互相借鉴和成果分享。

4. N个应用场景

N个应用场景是指按照"大场景、小切口"的思想路径，聚焦社会公众和各个基层群团组织出现频率较高的需求，针对各种情况和服务内容，推出多个为社会公众提供服务的专题应用场景，满足不同人群的需求。比如余杭区为推进大学生"一件事"通办、"一站式"服务改革，运用数字化改革"V"字模型，围绕政府、企业、高校和学生的需求，打造了大学生就业见习（实习）、校园招聘、职业技能培训和辅导的全周期"一键同伴"应用场景。在"数智群团"服务系统中，除了分类的应用场景，还设置了以区域化、系统化群建为核心的跨群团、跨业务、跨区域的群团共建应用场景，比如，以畅通社会参与渠道为重点、以提高公众参与度为目标的"我要参与"应用场景。

（二）作用效果

"数智群团"服务系统依托城市数字化转型发展，以"群团集市"建设为平台，为城市居民提供服务。相较于传统的城市集市对自然环境的依赖，"数智群团"服务系统实现了数字化发展，摆脱了地缘依赖和自然环境的束缚，在集市的功能、动力来源和服务水平等方面有了较大的提升。

1. 顺应时代发展潮流，摆脱单一功能束缚，实现功能多元化集成

城市集市是一座城市精神文化和物质文明的烙印，是进行包括商品交换在内的各种经济活动的功能平台，也是城市居民进行交往联络的人文场所。传统的以地摊经济为代表的城市集市功能匮乏，视野过度局限于商品交换等经济功能，同时并未向其他功能进行发散和拓展。现代城市公共空间需要一个多层次、多含义、多功能的共生系统，以集节庆、交往、流通、休息、观演、购物、游乐、健身、餐饮、文化、教育等功能于一体。"数智群团"服务系统以一体化数字驾驶舱、五大协同管理系统、"群团集市"和诸多子应用场景为架构，实现"1+5+1+N"功能多元化集成，满足城市发展多元化的需求。

2. 以"协同、贯通"为动力来源

在"数智群团"服务系统框架中，"协同、贯通"是核心关键词，也是推动群团服务效能变革的动力来源。对于群团组织自身而言，"协同、贯通"也意味着制度的重塑、流程的再造以及效率的提升。之前，基层组织对于群团组建的底数不清、基数不明，难以实现组织和服务的有效覆盖。如今，"数智群团"服务系统依托五大协同管理系统中的组织共建功能，借助市场监管、人力社保、税务等共享信息数据，不仅能快速筛选、对比、摸清群团组建底数，还能为今后的协同共建打下扎实的基础。以中国国际贸易促进委员会为例，过去通过线下模式，杭州全市一年吸收的国际商会会员为500个左右，2021年通过组织共建系统，累计发展会员6076个，取得了远超以往的工作成效。在未来，"群团集市"将不断提升服务集成度，实现五大协同管理系统的移动化改造和功能迭代，不断优化"数智群团"服务系统各方面功能。

3. "数智群团"服务系统使群团更具向心力、服务更具直达性

虽然群团组织依托数字技术，与传统的城市集市相比有了极大的进步，但在创建阶段和实际的运作过程中，其仍然出现了不同程度的力量分散、服务单一、影响有限等问题。研发团队力求改变过去各组织单打独斗、线下为主的传统的城市集市工作模式，在打造"数智群团"服务系统过程中，通过数字化的技术集成改革实现握指成拳，统筹整合各方力量，从而使群团更具向心力、服务更具直达性。

目前，群众通过"数智群团"服务系统可以便捷地使用各级群团提供的生活服务、维权帮扶、公益救助等应用，查找身边的阵地资源与各类活动安排，真正实现服务的"一键直达"。据了解，经过半年多的推广，"群团集市"已经成为连接220万个人用户和2万余家企业的热门应用。

（三）问题难点

虽然依托数字化的技术集成改革，"群团集市"服务端在集市的功能、动力来源和服务水平等诸多方面取得了很大的进步，但在实际运作过程中，仍然存在一些问题。比如："数智群团"服务系统在群众中普及度不高，数智思维尚未深入人心；数据库尚未完全打通，信息更新不及时；活动质量参差不齐，审核体系有待完善；等等。这些问题在一定程度上阻碍着"群团集市"的发展。

1. "数智群团"服务系统在群众中普及度不高，数智思维尚未深入人心

目前，"数智群团"服务系统依托多个服务平台实现服务功能，但还是存在普及率低、数智思维尚未深入人心的弊端。有相当一部分群体由于数字鸿沟、信息滞后等不能使用"数智群团"服务系统并享受其便利。人类活动的范围在某种程度上取决于如何获取、分发、生成和处理信息，也就是说，在当今社会被排除在电子社会之外就意味着被排除在社会之外。目前，老年人群体、青少年群体和一些特殊人群，由于无法及时获取、分发、生成和处理日新月异的数字化信息，而被排除在电子社会之外。这就限制了"数智群团"服务系统的普及，限制了一部分社会群体享有其便利，这反过来也会对"数智群团"服务系统的后续发展造成不利的影响。

2. 数据库尚未完全打通，信息更新不及时

"数智群团"服务系统的正常运行需要依赖市场监管、人力社保、税务等部门共享的信息数据，也就是说，科学有效的数据库是其正常运行的基础。计算机数据库是信息社会的重要组成部分，也是现代化建设强有力的技术支持，其具有对大量信息进行有效存储、快速存取、高效处理等多项功能。数据库的应用对于"数智群团"服务系统的发展具有举足轻重的作用。但是，由于"数智群团"服务系统所依赖的集成数据库技术不成熟，各领域尚未完全打通，所以存在信息交互滞后、信息更新不及时等问题，这在一定程度上制约了"数智群团"服务系统的进一步发展。

3. 活动质量参差不齐，审核体系有待完善

"群团集市"服务端面向职工群众，提供适合职工群体的福利活动和便捷服务，让群众更便捷地享受群团改革红利。以"群团集市"为代表的服务端作为"数智群团"服务系统面向大众的集成性公共服务平台，在实际运作过程中仍然存在不同程度的力量分散、服务单一、影响有限等问题。这主要是因为"群团集市"服务端背后的审核体系落后于现有的社会需求和市场的基本准入标准，尚未形成一套规范化、系统化的审核体系。落后的审核标准使得一些价值观导向落后于目前社会发展势态的、活动水准无法满足职工群体多样化需求的和安全规范无保障的"三无"活动得以在市场上流通，从而阻碍了"数智群团"服务系统的进一步发展。

三、对策与建议

多中心理论认为，在多中心体制下，多个自治单位的管辖权相互交叠，通过多种制度的安排和协调实现相互牵制和利用，最终达成协作生产，从而促进绩效管理效能提升。这在某种程度上说明了"数智群团"服务系统协作推进数字化进程的可行性。

在前文对"群团集市"运行困境进行分析的基础上，这里从思维、平台、人才、宣传、技术和机制、活动实效等方面提出相应的改进建议，旨在推动"数智群团"服务系统的建设，从而加快城市数字化发展以及群团数字化改革进程。

（一）加强数智思维的普及

为响应城市数字化发展要求以及群团数字化改革先行先试要求，杭州市成立由杭州市总工会牵头、15个群团组织共同参与的"数智群团"建设工作专班，全力打造以一体化数字驾驶舱、五大协同管理系统、"群团集市"和诸多子应用场景为架构的"1＋5＋1＋N""数智群团"服务系统。作为一种新兴的治理方式，"数智群团"服务系统带来的不只是制度和实施方式的变化，还有思维的转变。只有人们对这种新思维有一定程度的了解，并对其产生认同感，才方便后续工作的推进。

1. 线上普及

在各个群团组织之前创建的公众号、小程序、网站、App等平台发布与"数智群团"服务系统相关的信息，如统一的平台网址、功能以及相关概念与新型治理方式的介绍、解释，在为新平台引流的同时，使公众明白如何适应、如何享受"数智群团"服务系统提供的新服务，也能让有意参加改革与建设的专业人才了解该项目，吸引人才加

入,加快发展进度。

2.线下普及

考虑到社会上还有一些不能及时、经常、顺利接触和使用网络的群体,例如老年人群体、青少年群体和一些特殊人群等,在普及数智思维时也需要定期开展线下宣传。可以考虑发放详细描述"数智群团"服务系统功能与使用方式的说明书,或者以社区、街道为单位设置专门的咨询机构来接收这类群体的求助对话并帮助其在线上完成相关事项。

(二)建立"数智群团"一体化平台

"数智群团"服务系统的发展优势在于顺应城市发展趋势,抛弃原先分散、繁杂、相互独立的服务方式,建立一个集节庆、交往、流通、休息、观演、购物、游乐、健身、餐饮、文化、教育等功能于一体的多层次、多含义、多功能的共生系统。"协同、贯通"是这个系统建立过程中的关键词。这时,一体化平台就显得尤为重要。"数智群团"一体化平台需要涵盖各个群团组织的服务信息,对这些信息进行有效存储、快速存取、高效处理,并且保证系统在完成以上任务的同时可以正常运行。

在技术方面,政府可以寻求有较多数字化发展成果的企业的合作,为科研团队创造更好的研究环境,提供更丰富的研究资源,形成合作互利的智库网络,打造多元共治的治理体系。

(三)打造专业的人才团队

在知识经济阶段,所有竞争的本质都是人才竞争。要想高质量地迅速地推进"数智群团"服务系统建设,需要切实可行的激励机制和支持政策去吸引人才、培养人才,打造一支专业的团队,为项目的建设奠定人才基础。

1.吸引人才

组织对项目内容具有一定程度的了解并且能够清晰、专业地向他人传达的人员,前往相关企业、院校、科研院所等进行项目宣讲,提升该项目在专业人士间的知名度和影响力,使有兴趣的专业人员对项目的了解更深刻,方便他们决定是否参与建设过程。此外,项目负责方还可以举办与项目相关技术联系紧密的比赛,通过层层筛选来发现人才、吸引人才、储备人才。此外,还可以通过设置切实可行的激励机制和支持政策,增强项目本身的竞争优势,鼓励海内外高端人才进驻,营造良好的人才发展环境。

2. 培养人才

一方面，培养潜在人才。项目负责方除了被动地寻找人才外，还可以主动地培养人才。项目负责方可以联合高等院校，设置城市数字化管理等方面的课程，为学生提供到相关单位实习的机会，培养学术型或复合型人才，为项目做人才储备，甚至可以在中小学进行一些浅显易懂的宣讲，举行与数字化有关的趣味比赛，让孩子从小接受数智思维教育，提升数字化素养，培养数字化兴趣。项目负责方还可以从公务人员中挑选对新思想接受程度良好且理解力、执行力优秀的人员进行数智思维培养，这样挑选的人才省去了了解政府业务和办事程序的流程，可以成为项目管理层的一部分，指导其他人员在现有的政策环境下推进实施数字化改革。

另一方面，培养已有人才。管理层要建立合理的考核制度以及考核后的培训制度，对不同层级的员工进行有针对性的培养，挖掘员工潜能，使每个人都能了解自身能力所欠缺的部分并有机会进行弥补，同时了解自身优势，在工作中积极发挥自身优势。

（四）加强宣传

杭州市"数智群团"服务系统自创设以来，方便快捷地解决了群众的众多问题，但也存在知名度不高的问题。据调查，许多人甚至没有听过这个系统，因此，要加大宣传力度。具体而言，可以从以下两方面入手。

1. 拓宽宣传渠道

项目负责方不仅要通过微信发文、公众号等线上渠道宣传，还要拓宽宣传渠道、创新宣传方式：可以开办线下讲座，为民众讲解"数智群团"服务系统相关知识；可以印刷发放宣传册，科普"数智群团"服务系统的各方面信息；也可以在街道宣传栏及时张贴和更新"数智群团"服务系统的建设情况，将"数智群团"服务系统建设融入民众的日常生活。

2. 加大宣传力度

政府要联合相关部门进行宣传，将"数智群团"服务系统的概念、措施和意义宣传到位；群团和街道社区也要重视相关宣传工作，发挥基层优势，加强经验交流，面向群众和社会，形成群团宣传攻势，在各个渠道加大宣传力度，切实提高"数智群团"服务系统的知名度，使更多群众能够知晓并使用"群团集市"服务端，解决更多的问题，并在这个过程中感受到城市数字化改革带来的便利。

（五）完善技术和机制体系建设

当前，"数智群团"服务系统存在数据不互通、信息更新不及时等问题，由于没有做好衔接工作，信息传递有所延迟，同时，各类配套机制建设也不够完善，这些都阻碍了群团工作的顺利开展。

"数智群团"服务系统要提高工作实效，在技术方面打破信息和数据壁垒。数据协同是群团组织之间协作的重要前提，"数智群团"服务系统已有的五大协同管理系统将数据资料进行了归纳整理，但也不可避免地存在一些数据缺口。对于这些缺口，也需要及时进行填补。同时，各个群团不仅要利用好自身数据，还要提升其他群团合理利用数据的意识，加强各个群团之间的合作，提升为群众办事的意识，提高为群众办事的效率。

相关机制体系的完善也非常重要，要加强审核体系的建设。对于群团组织发布的活动，省（市）总工会工作人员要严格审核，为减少劣质活动添一道阀门。同时，要在实践中不断完善"数智群团"服务系统"1＋5＋1＋N"的主体架构，不断推动群团工作流程再造、规则重塑、功能融合和服务直达，利用信息技术提升群众的幸福感。

（六）提高活动实效，提升群众满意度

"数智群团"服务系统的建设是为了更好地联系群众、服务群众，因此要紧跟群众，时刻关注群众的需求，同时"数智群团"服务系统项目负责人也要关注省（市）总工会提出的新要求，在发布活动、开展活动时，注重提升活动质量。

各个群团组织要清楚工人、青年、妇女、少年儿童、侨胞侨眷、科技工作者、文艺工作者、残疾人、工商界人士等不同群体有不同的利益诉求，而群团组织是这些群体的利益代表者。群团组织开展活动时，必须考虑不同群体的利益诉求，使得活动能够高质量地满足不同群体的需求；要不断提高群众的获得感和满意度，将更多力量凝聚于全市的中心工作；还要始终坚持以群众为中心，关注、关心、关爱群众，经常同群众进行面对面、心贴心的零距离接触，增进与群众的感情。

此外，课堂教育式的活动缺乏趣味性，可能导致群众参加活动时提不起兴致，而实践类活动需要群众动起来，能让其更有参与感与成就感，因此，可以更多地开展实践类、公益类活动，同时紧跟群众需求，丰富活动内容与内涵，提高活动质量，提升群众满意度。

案例点评

随着城市数字化转型治理进程的加快,以数字化赋能群团组织改革已是必然趋势,而"数智群团"服务系统的建设正顺应了这一趋势。过去,群团组织体系中多元主体之间的协作和资源交流非常少,在一些情况下甚至可能产生矛盾和冲突,这使得群团组织的管理和服务呈碎片化状态,各个群团组织和相关政府部门之间凝聚力不强,不利于群团组织的建设和发展。从分散的"群"到融合的"团","数智群团"服务系统让群团更具向心力、服务更具直达性。就目前来看,"数智群团"服务系统建设已经取得了显著成效,但也不可避免地存在一些问题,如数智思维不够深入人心、信息更新不及时、活动质量参差不齐等。该案例分析了"数智群团"服务系统建设存在的问题,并提出了解决这些问题的具体措施。相信在不远的未来,"数智群团"服务系统会推动群团组织真正实现数字化改革,为城市数字化转型治理做出贡献,进一步提高人民群众的生活水平,提升群众生活的幸福指数。

(点评人:蒋惠琴 副教授)

党建引领多方跨界合作，数字技术赋能社区智治
——以杭州市余杭区为例①

一、案例背景

社区治理是推进国家治理体系和治理能力现代化的重要一环。构建社区治理新体系、整改社区治理难题迫在眉睫。以大数据、物联网、人工智能等为代表的新型基础设施建设促进了智慧治理时代的到来，在基层党建"头雁作用"的带动下，数字技术赋能基层社区治理，打通自上而下的治理需求与自下而上的服务诉求，基层自治的神经末梢被激活，为社区治理与服务供给跨越"最后一公里"提供方案。杭州于2020年开始全面推进老旧小区改造，杭州市建委会同杭州市发改委、杭州市财政局正式下发《杭州市2020年老旧小区综合改造提升项目计划》，计划改造300个老旧小区，总建筑面积超1200万平方米，将惠及15万住户。老旧小区改造成为社区蝶变的最佳契机；同时，未来社区建设也在如火如荼地进行。老旧小区改造和未来社区建设成为传统社区治理中两种新型的解决方案。纵然老旧小区改造以"改"为行动基础，未来社区建设以"建"为行动导向，两者在惠及民生、完善社区治理方面殊途同归。

二、案例内容

（一）具体做法

1. 基层党建：坚持引领，推动党员下沉

第一，创新社区"红"架构，把支部建在小区内。余杭区推动建立统合型的小区党组织，在不改变党组织原有隶属关系、党员原有组织关系的基础上，统筹小区各类组织，整合小区在册党员、非在册党员及机关部门、街道社区下沉力量，引领多方力

---

① 案例编写：朱永贞、胡皓冰、尹则昕、张豆、雷语。案例编辑：张鹏。

量协同参与小区治理。如南苑街道①文仪社区通过深入运用"小区邻里汇"工作方法，围绕小区党组织工作核心，健全为民服务、民情联系、民主协商、支撑保障、和谐共治五项机制，切实解决物业管理服务水平不高、业委会虚化弱化等问题，顺利推动设施改造、垃圾分类、物业费调整等工作，有力提升小区治理水平。再如临平街道创新社区红色党建模式，把支部建在小区内，立足实际，根据小区不同类型因地制宜建立不同的党支部，如在专业化物业管理小区建立"红管家"小区党支部，在准物业和自管小区建立"红钥匙"小区党支部，在开放式小区建立"红袖章"小区党支部。通过设计"三红"党支部专属标识，制定工作职责清单，落实小区党支部服务红色驿站，明确在册、在职、在地党员不同服务内容，以党建引领推动小区"物居业"多方力量协同共治。临平街道的梅堰社区在小区内建立的党支部为推进老旧住宅综合改造提升项目起到了重要作用。针对老旧住宅综合改造问题，小区党员代表多次召开会议，明确工作开展与社区原有机制结合，运用居民群众比较熟悉的"小区圆桌会""五瓣梅"等社区民主协商议事机制，加强政策宣传，快速化解矛盾，消除居民的顾虑，解决居民的难题。

第二，优化党员"双报到"机制，打破基层党建限制。自"双报到"工作开展以来，各基层党组织积极组织动员在职党员参加社区志愿服务，打通服务群众的"最后一公里"。余杭区创新组织融合方式，打破城市基层党建条块限制，改党员"双报到"由社区党委出证明为小区联合党支部出证明，主要证明党员参与居住小区矛盾化解、垃圾分类、停车管理等公共事务的"报到"情况，让"隐身党员"成为正能量先锋，真正实现党员的"回家报到"。余杭区充分发挥党员的先锋模范作用，使在职党员积极投身于服务社区建设、专业服务、特殊人群帮教以及纠纷化解等社区治理工作，引导骨干力量深入小区治理一线，更加广泛地参与社区基层事务，实现党群与治理工作同步推进、共建共享。余杭区在落实"双报到"工作中加强了对党员的管理，在服务群众过程中增强了对党员的教育，进而提升了基层党组织的政治核心、战斗堡垒作用，提升了在职党员的荣誉感、责任感、使命感，从而凝聚更强大的力量，使党员投身于志愿服务群众，铺就一条基层党建和工作创新双向发力、同向发展的长效之路。同时，借助数字化管理手段，通过党员"双报到"信息管理软件，记录整合余杭区党员"双报到"信息及参加活动情况，方便相关部门及各层党组织对下属党员进行统一管理，也方便社区提交党员"双报到"情况并组织党员活动。

---

① 需要说明的是，2021年4月9日，杭州市进行行政区划优化调整，将原余杭区以运河为界，分设临平区和新的余杭区，案例写作时属于余杭区的南苑街道、临平街道，以及后文提及的东湖街道，目前都属于临平区。

2. 物业：创新举措，提升生活品质

余杭区因地制宜，以基层党组织为中心，打造"物居业网"（即物业、居委会、业委会、网格）治理架构，实现"三驾马车"齐头并进，推动社区多元主体参与治理，促进治理协同化、精细化，凝聚力量，创新基层治理模式。

第一，构建管理"黄金体系"，规范运作机制。为规范小区物业内部管理体系，余杭区仓前街道围绕"全域治理现代化"这一目标，以党建聚魂，在社区植入基层党组织"红色基因"，解决"多头管、多头都不管""意见多、思想难统一"等问题。以监管聚力，实施分类管理"黄金体系"，解决物业管理区域划分不合理、部分物业管控无力等问题；根据商住小区、老旧小区、安置房小区等不同的运行管理方式，建立"专业化物业、社区化准物业、自组物业"三类管理模式，对应制定三类不同的考核细则。构建奖惩并举机制，设置"优秀团队""好当家""好搭档"等奖项，将年终考核不合格物业评定为"不满意单位"，面向社会公布并报区住建局备案取消星级评定。街道全力打造"仓前e家"物业管理品牌，有效提升物业管理水平，努力营造共融、共治、共享的现代物业管理新格局。

第二，把握治理"数字钥匙"，提升服务水平。"小物业，大民生"，为满足业主的现实需求，切实做好小区物业服务工作，余杭区聚焦社区物业问题，准确分析物业公司运营中的问题以及社区基础设施建设问题，尤其是老旧住宅小区基础配套不全、设施设备陈旧、物业管理缺失等，创新物业管理举措，利用云计算、大数据、物联网等技术，实现上下联动、多方协同，以标杆化小区党建、信息化物业管理、智能化居民服务为建设标准，推进小区一级的城市大脑"微脑"建设，强化物业服务行业物联网和智能传感等技术的运用，推动科技优势转化为治理效能，逐步形成重心下沉到社区、要素集聚在社区的良性格局，让居民在社区更有体验感、获得感、幸福感。如仓前街道葛巷社区依托杭州城市大脑平台，建设小区治理"数字驾驶舱"，实现人员车辆管控、物业报事、快递投放、独居老人关怀等场景的大数据智能化应用，打造智能化的未来社区省级样板。再如，良渚街道昌运里小区全域推进智慧安防小区建设，夯实智治基层基础，提升社区智治实效。该小区布下智慧安防的"天罗地网"，设置210个摄像机，包括47个高空抛物摄像头和4个双仓式全景人脸抓拍摄像头，实现公共区域无死角全监控和高空抛物实时预警及轨迹倒查。

3. 居委会：明晰权责，减轻行政压力

第一，厘清权责清单，基层治理卸重担，实现基层社区减负。余杭区积极探索居委会减负治理的创新措施，对社区居委会进行"去行政化"，归纳而言，可分为源头治理

和技术治理。余杭区社区居委会坚持服务导向，厘清自身权责清单，对于属于基层政府及其职能部门职责范围内的事项，不硬性摊派给居委会。在社区治理过程中，了解居民所需所求，以现实问题为根本，梳理问题清单，形成问题"收集—流转—办理—反馈"工作闭环，并据此厘清管理服务清单，明确权责，推动治理重心下移，减少形式主义，为基层社区减负。余杭区深化社区服务供给侧结构性改革，打造"一口式受理、全科式服务"的社区综合服务中心，全面推进"一窗受理"向社区延伸，结合社区综合服务中心建设，打造特色社区社会工作室，为群众提供专业的社会工作服务，推动社区服务导向化、专业化、精准化，真正解决群众的实际困难。

第二，打造"社区微脑"，以数字技术解民忧。数字技术是实现社区善治的重要抓手。余杭区充分发挥数字技术优势，社区治理以人为本，统筹解决居民生活中的痛点难点。如五常街道将数字化改革的触角延伸至基层一线，上线"社区微脑"，打造数字化服务集群，拓宽居民反映诉求的渠道。

4. 业委会：协商自治，监管物业运维

第一，民主协商促活力，激发自治积极性。针对业主对于社区治理的参与度不高的问题，良渚街道借助业委会这一平台，多次举办协商议事活动，激发业主自治积极性。若干街道、社区党员和小区业主代表协商议事，针对小区绿化修剪、雨污管网分流、楼道线路整理、小区安防升级等问题，业主与工作人员进行互动交流，让业主们达成了"众人的事情由众人商量解决"的共识，养成了"有事要商量、遇事好商量、做事多商量"的习惯，提升了"主动参与、广泛参与、有效参与"的能力。余杭区持续完善镇（街）、社区、网格三级协商组织架构，全区共建立村（社）民主协商议事会358个，全区村（社）民主协商议事会建设完成率达100%。同时，建立镇（街）专题协商议事、村（社）专题协商议事、网格专题协商议事、群团组织协商议事、社会组织协商议事、区域性协商议事六大协商议事工作机制，广泛搭建协商议事平台，提升群众参与积极性。通过基层民主协商畅通基层干部民主参与渠道，使广大基层干部主动"沉下去"，深入基层一线，以业主切实需求为抓手，知民情、通民意、解民忧。

第二，完善流程强监督，落实制度严把关。余杭区出台加强业委会规范运行的指导意见，健全党组织领导的"物居业网"多方联动、评议考核制度，加强业委会综合管理服务能力，严把业委会成员入口关，畅通出口关。如余杭区仓前街道完善业委会运作机制，制定业委会标准化建设"蓝皮书"；针对物业企业管理标准不一、机制不全、落实不严等问题，制定《关于加强住宅小区业委会标准化建设实施意见》，确立"物业经营性收益管理、业委会信息公开、物业管理移交"等16项住宅小区业委会工作制度；创

新业委会周六坐班接待、小区经营性收益强制审计等机制，明确业委会选举流程"五步法"，避免业委会习惯性重复"洗牌"；绘制物业专项维修资金使用流程、经营性收益使用流程等五大工作流程图，推动小区业委会标准化建设，打造业委会创新样板。

5.社会组织：跨界介入，共解治理难题

为了解决万盛商贸城区块服务和管理"真空"难题，东湖街道积极探索城市基层治理新模式，建立了一个虚拟社区——红色青年社区，并通过政府购买服务的形式，由社会组织承接管理该虚拟社区并提供公共管理与服务。除了迁户口，其他社区能办的事，都可以在这个虚拟社区得到解决。

红色青年社区虽为虚拟社区，但也会进行实体化运作，而承担实际运作工作的是一家名为"东创社会工作发展中心"的社会组织。"从2016年开始，东湖街道建立的社会服务基地就开始培育社会组织，最后有12家深度参与公共服务和社区治理的社会组织从数百个社会项目中脱颖而出，'东创社会工作发展中心'就是其中之一。"时任街道基层组织科科长赵赟华介绍道。"东创社会工作发展中心"的负责人冯云琳笑谈当上红色青年社区主任的经历。一年以前，待交付的万盛商贸城因开发商资金亏空"跑路"，原本承诺商铺的返租无法兑现，矛盾瞬间激发。街道办事处工作人员就让冯云琳去试一试。"因为这300多个业主来自全国各地，所以我们用了整整3个月才联系上了半数以上的业主，建立了业委会，通过自治解决了这个问题。"由社会组织动员组建的业委会是社区自治的起点，社会组织同时联动物业、社区形成了跨界合作的治理模式。"东创社会工作发展中心"进驻红色青年社区后，主要以项目化的方式推动群众需求落地落实。"目前，我们将虚拟社区内网格、安全、流动人口的管理以及社会保险、教育等各项公共管理、公共服务工作，分解为社会保障与就业、农林水等20个大项以及调解、物业管理等48个小项，基本覆盖所有的服务需求。"冯云琳介绍的这些服务项目，都是在政府文件中明确的，可以通过政府购买方式为居民提供服务。

截至2020年，该虚拟社区已接待居民群众近400人次，满足各类社会服务需求300多件次，并开展了"小事儿便民驿站""'手工制作南湖红船 体会红船精神'夏令营""红色青年社区邻居节"等多项活动。

（二）优势特色

1.统一治理起点，筑牢"人本化"理念

社区治理的目标指向在于通过加强和创新社区治理，让发展成果更好地为百姓所共享，更大程度地满足人民群众日益增长的对美好生活的需要，有效应对社会转型时期基层出现的各类问题和矛盾。余杭区牢牢把握"社会治理的核心是人"这一理念,将治理逻辑由以往自上而下的单向管理转变为双向协同治理,顺应治理趋势,直面社会治理难题,提升辖区社区治理法治化、科学化、精细化水平和组织化程度,提高社区治理和服务水平,提升居民群众的获得感和幸福感。

2. 协调治理主体,打通社区治理路径

余杭区"党建引领、全域协同、物业负责、业委协商、居民参与、街社兜底"的社区治理格局,是在基层治理横向上通过社区党组织发挥多元主体力量的新模式,即通过加强党组织内部思想、组织、作风建设,实现了横向党组织力量的整合,又通过党组织在多元主体之间的嵌入结构带动"物居业网"联动聚力,确保党的方针政策在基层落地,推动基层党组织在社区治理中的地位重塑与作用发挥。为平衡社区治理主体各方的利益,在小区议事层面,以小区治理驿站为平台,由党员、业主代表、意见领袖、社区骨干、地产、物业、业委会等多方主体共同组建的议事团,推行"小事随时议,难事联席定期议"的议事模式,形成并巩固了"物居业网"协同共治的微循环和责任闭环。

3. 协同治理方式,革除"行政化"痼疾

在党建引领模式带动以及政府号召下,社区形成了党、政、社、民、企多主体协同治理机制,真正实现党组织带动群众、联系群众、服务群众,社区组织改进管理模式和工作机制,基层社区完善公共基础设施建设和提高社区服务水平,政府部门助力社区治理协调发展。余杭区在基层社区治理方面,由基层党委牵头,积极构建"物居业网"四方联动治理架构,建立健全任务清单机制、联席会议制度等联动治理机制,厘清居委会、业委会、物业等在社区治理方面的职责分工,破除之前社区管理带有一元化、权威式、等级化和指令性特点的社会管理方式。

4. 整合治理资源,跳出"内卷化"怪圈

新模式下社区治理问题的解决有赖于党建引领和技术赋能的"双轮驱动"、"物居业网"多元社区组织的共同作用,以期达成社区治理共同体目标。一方面,党建引领组织群众、凝聚群众、服务群众,运用多主体协同治理机制,让群众的利益诉求得到表达,群众的智慧得以吸纳;另一方面,依据群众需求,优先建立主要包含基础数据、公共服务数据和政务管理数据的社区信息公共服务平台,实现数字技术和公共服务精细化治理的深度融合。"双轮驱动"构建社区治理共同体,从群众需求出发,充分发挥党组织和群众智慧,利用技术手段,解决基层社区治理难题。

(三) 实践效果

1. 共创红色党建联盟，把握社区治理全局

余杭区以巩固党在城市的执政基础、增进民生福祉为目标，以加强党的长期执政能力建设、先进性和纯洁性建设为主线，以街道社区党组织为核心，以提升组织力为重点，以党建引领基层治理为抓手，以解决突出问题为突破口，坚持"区域统领、行业引领、两新融合、街社兜底"，健全区、街道、社区党组织三级联动体系，提高城市基层党建工作整体效应，为推动"五大余杭"建设提供了有力的组织保证。

余杭区把加强基层党的建设、巩固党的执政基础作为贯穿基层社会治理的主线，探索出党建引领基层社会治理的有效路径。通过强化政治引领，加强和改进了街道社区党组织对城市基层各类组织和各项工作的领导，团结带领群众听党话、跟党走。通过强化组织引领，发挥了党组织凝聚各类组织的核心作用，成功将党组织的主张转化为群众的自觉行动。通过强化能力引领，发挥了党组织在做好群众工作、化解各类矛盾、促进和谐稳定、加强社会治理等方面的独特优势，切实提高了基层治理的能力水平。通过强化机制引领，健全了党组织领导下的居民自治机制、群团带动机制、社会参与机制、共建共享机制，有效推动基层党建制度与基层治理机制的有机衔接、良性互动。

2. 共建"物居业网"协同架构，夯实社区治理基础

余杭区依托物业、社区居委会、业委会、网格四方力量，以人民群众为中心，有效激发了人民群众参与社会共治、共建、共享的积极性，提升了人民群众的幸福感和满意度。余杭区根据各个社区的实际推进情况，制定、健全相关考核办法，提高"物居业网"四方治理的主动性和积极性，同时从源头把控，优化人员队伍，完成了小区党支部、业委会及社区化物业监督议事小组等组织的构建，为小区事务"有人议、有人管"打下了坚实的基础。同时，通过协商议事、落实各方工作清单，不断提高居民的获得感和满意度。

余杭区通过强化联席会议制度、小区矛盾调处机制和日常考核机制，形成了良好的工作导向和结果导向。"我们小区现在环境整洁，安全措施到位，各类设施设备维保及时，生活在这里非常幸福。"临平街道工农新村社区朝阳新苑小区业委会主任包永锦如此说道。近年来，小区通过"物居业网"四方努力，切实有效地推动了污水零直排工程、充电桩建造、丰巢快递柜移位、垃圾点移位和改造提升等一系列民生项目的实施。

3. 共享数字赋能成果，激活智能治理动能

余杭区积极运用数字技术、智慧治理挖掘社区治理潜能，深耕基层治理领域，完善运行机制、强化数字转型，加快社区智治功能场景开发，以标杆化小区党建、信息化物业管理、智能化居民服务为标准，有效推动智慧物业、智慧安防、智慧医疗、智慧养老等服务场景在社区、小区落地，提升基层智治水平，打造更具示范性、影响力、美誉度的基层治理"余杭样板"。

余杭区打破了传统党建"限时、限地、限人"的束缚，加强了与政务信息平台、街道基层治理四平台等网络的整合，推动了区域互动、数据共享、信息共联，实现了党建工作与社会管理服务的深度融合，为城市基层党建工作、党员教育管理等重大决策提供了科学的信息支撑。余杭区还通过"社区大管家"等App的应用，开发日常办事、便民服务、公告公示、议事交流等功能模块，根据街道、社区、物业、业委会、业主的不同需求和权限，进行线上业务办理和内容展示，打破各方数据壁垒，实现信息共享互通。在满足日常信息交流需求的基础上，余杭区积极探索未来社区场景建设，开发分类评比、活动预约、风险预警等功能，促进社区治理实现同步化、可视化，提升社区智治实效。

三、经验启示

（一）加强顶层设计，摆脱目标站位局限

整体而言，余杭区在社区数字化建设和解决社会矛盾方面卓有成效，但并未实现真正的全域治理。全域治理不仅要有亮点，更重要的是实现优质均衡。就目前来看，在现有的设计规划下，各社区治理水平参差不齐，呈现两极分化，这不仅与余杭区的全域治理目标脱节，更是与省委交办的全域未来社区建设要求形成差距。究其根源，主要在于设计与执行两个环节存在漏洞。

针对不同社区治理现状，要实现真正的全域治理，应严抓设计与执行两个环节。首先，顶层设计是工作执行的基础。在强化顶层设计方面，上级领导要做好顶层设计，基层干部要认真落实，形成上下联动的格局，推动"党委领导、政府负责、社会协同、公众参与、法治保障"社会治理体制的完善，从而强化民生保障、夯实社会文明和谐根基，最终形成治理全域覆盖、线上线下有机融合、为民惠民多元共治的新时代社会治理"余杭样本"，实现社区治理现代化。只有绘制完善的基层社区治理设计蓝图，才能在后续执行过程中规避不必要的重复劳动。其次，各地区在具体的实施过程中应格外注重社

区之间的差异化创新。余杭区的社区治理植入了"先富帮后富"理念,在鼓励治理创新的同时,因地制宜地将经验推广到其他街道,从而实现优质均衡、创新发展,从部门、领域、层级和地区的治理进一步转向全域治理,提升综合治理能力,完善综合治理体系。

(二)优化治理架构,打破信息壁垒

社区治理始终离不开人的参与,余杭区通过凝聚多方主体力量完善"物居业网"架构,加快推进社区治理共同体的建设。目前,治理主体仍然存在一些短板,限制了社区治理效能的发挥,导致信息共享机制、任务清单机制等缺乏联动治理机制连接,主体间难以进行有效沟通与协调,无法充分发挥社区治理各主体的功能及其联动合力作用,弱化了社区治理的整体效果。

为优化基层治理架构、打破治理过程中存在的信息壁垒,余杭区在社区治理实践中应采取如下措施。其一,以完善社区主体架构为重点,以基层党组织为中心,打造"物居业网"四方治理架构,凝聚力量、协同治理。如临平街道庙东社区进修弄是典型的开放式老旧小区,其为解决小区存在的基础设施不足、停车难、公共事务管理主体缺位等问题,建立了"红钥匙"功能性党组织。通过"物居业网"四方联动,进修弄开展了门禁系统提升改造、污水零直排工程、垃圾分类"撤桶并点"等民生项目。其二,构建一体化在线服务平台,打破信息壁垒,加快信息系统互联互通,推动政务信息跨地区、跨层级、跨部门互认共享。通过VR、远教讲习所、线上党支部、党建App等,推动区域互动、数据共享、信息共联。其三,完善数据库的建设,提升信息的安全性,推进地区政务信息系统整合共享及政府转变职能、优化服务,满足群众诉求多样化、服务个性化、方式便利化的需求。如推行"社区大管家"App应用,根据街道、社区、物业、业委会、业主的不同需求和权限,进行线上业务办理和内容展示,改变各自为政、条块分割、信息孤岛的局面。

(三)细化民生需求,减轻数字"负能"压力

一些地区在推进数字治理的过程中存在为数字化而数字化的现象,它们提供的服务脱离群众的现实需求,数字化产品的使用率低,甚至成为一种装饰,导致数字化不但没有体现便民的作用,反而增加了群众的负担和成本,例如,群众在线下办理一些事项后,还得在线上再办一次。在基层实践中,数字治理衍生出一些"指尖上的形式主义",服务公众变为官场作秀。这种观赏展示功能大于实际应用功能、技术运用浮于表面的形式主义的建设不仅无法提升社区治理实际效能,还会造成资源浪费。

向服务型政府转型要求相关部门时刻把群众需求放在首位。为了更好地满足群众在数字生活方面的需求,引导社区提供更精准的数字化服务,余杭区的数字治理聚焦群众关切的问题,以解决群众的"急难愁盼"问题为出发点和落脚点,推动"智慧养老""智慧教育""智慧医疗"等应用场景落地,集成提供查询、预约、出入境、交管、治安等公安政务服务事项,连接手机客户端,打通线上线下数据,建立一体化服务体系,降低群众的负担和成本,为群众提供"一站式"在线服务。此外,还要把科技势能转化为服务效能,加快形成具有余杭辨识度的标志性成果。

(四)深化"五社联动",解决社会力量不足困难

随着社会发展的提速与大众需求的提升,越来越多的社会力量参与社区治理,共治共建共享的社区治理共同体成为社区治理的新方向。余杭区社区治理过程中,治理主体之间出现了融合度不足的问题,主要表现在以下几个方面:首先,志愿者、社区工作者等社区组织参与者由于专业水平不高,对社区事务的参与程度较低,参与积极性不强;其次,社会组织由于早期功能不足,缺乏参与的可持续性,难以在社区治理中发挥长效作用;最后,社会工作服务机构发展不均衡,其内容主要聚焦于社会福利、社区事务等传统领域,在教育辅导、医疗卫生、权益维护等新兴领域分布较少。对此,可以从以下几个方面入手加以改进。

第一,要在坚持党建引领的基础上,建设以社区为平台、以社会工作者为支撑、以社区社会组织为载体、以社区志愿者为辅助、以社区公益慈善资源为保障的"五社联动"现代社区治理模式,吸纳多方主体参与,促进资源在基层实现整合,实现社会组织的自身"造血",促进社区可持续发展。第二,要扶持多元服务主体,满足个性服务需求,形成融合共治的社区治理模式,实现"问题在基层解决、服务在基层拓展"。第三,积极进行社会组织或者志愿者服务相关培训,让群众自发形成的社会组织成为专业化团队;还可以通过引进专业的社会组织,提供优质服务,帮助社区建设发展,提高社区治理水平。第四,充分发挥社区组织及志愿者群体的主观能动性,让其成为挖掘社区组织成员的"抓手",不断寻求群众中的"有生力量",扩充社区组织的储备力量,延长社区组织的"寿命",为社区长期稳健服务打下坚实的基础。

案例点评

社区是国家治理和社会治理的复合型实体性载体,也是国家治理现代化的基础组成部分,承载着人民群众对于美好生活的向往和追求,承担着提升人民

群众幸福感和满意度的服务工作。而当前我国社区治理是社会治理的薄弱环节之一，其建设需要引起社会各界的重视。习近平总书记指出，要创新社会治理体制，把资源、服务、管理放到基层，把基层治理同基层党建结合起来。余杭区以增进民生福祉为目标，以镇（街）、社区党组织为核心，以提升基层组织力为重点，深化党建引领理念，构建"党建引领、全域协同、物业负责、业委协商、居民参与、街社兜底"的城市社区治理工作新格局，整合物业、居委会、业委会、网格等多方力量，为社区治理赋能增效。这一极具特色的党建引领协同治理模式是党建力量在社区治理上进一步发挥效能的有益探索，也是党建引领社会治理在城市基层治理创新方面的生动实践，为推进基层社会治理现代化提供了更多的经验和创新成果，因而具有较强的示范性。新时代的社区治理要始终坚持以党建为引领，健全完善相关体制机制，着力构建区域统筹、条块协同、上下联动、共建共享的基层治理格局。

（点评人：杨逢银 副教授）

数字化改革的推进缘何步履蹒跚？
——基于杭州市"智慧停车"的案例分析[①]

一、案例背景

停车治理是建设现代化国际城市、实现城市精细化治理的重要要求。为了提升城市品质，啃下停车治理这块"硬骨头"，杭州市积极寻求新的治理理念和治理方案，着力解决停车难、行路难等困扰民众的生活治理难题。2010年3月，杭州市人民政府办公厅转发了《杭州市鼓励社会力量投资建设停车场（库）的实施意见》，市政府成立由分管副市长担任组长、各相关单位分管领导组成的鼓励社会力量投资停车场（库）建设领导小组，并在市建委设立由各相关单位负责人参加的领导小组办公室。各部门统一协调、加强配合、组织力量，停车难题得到充分重视。"上天入地增车位，想方设法惠民生"，2014年，在杭州市委市政府的总体部署下，杭州市建委牵头成立杭州市市区公共停车场（库）建设发展中心，联合多个部门打出了缓解停车难系列"组合拳"，推动停车泊位数量的快速增加和停车结构的不断优化。2016年，杭州市建委发布了《杭州市鼓励社会力量投资建设公共停车场（库）资金补助办法》，旨在引导社会力量投资停车场（库），增加车位供给量。然而，即使杭州市每年新增6000个左右的车位，依然难以在车辆保有量快速增长的形势下满足群众停车的需要，停车难题始终是城市发展的一大掣肘因素。

（一）智慧城市：停车产业数字化是时代所需

新型智慧城市建设是数字中国的重要内容，是智慧社会的发展基础，是城市能级和核心竞争力的重要体现，是推进城市治理体系和治理能力现代化的科学路径。对于如何建设智慧城市，傅荣校（2019）认为主要有以下三种路径：一是通过数字化技术迭代融合、集成创新，加速构建城市数字化运行的技术底座；二是数字化改革推动形成数字化思维、数字化认知，加快推动城市治理的体制机制、组织架构、方式流程、业务逻辑、

[①] 案例撰写：苏凡、陈一文、赵卓祎、雷天楚、陈可颖、魏天澜、王亦涵。案例编辑：闫丹。

手段工具等实现全方位、系统性重塑，将数字赋能固化为制度赋能；三是通过城市全尺度、全要素、全周期、全场景的数字化改造，将数据融合、场景融合、服务融合、产业融合推向更深层次、更高阶段，将城市打造为全域感知、要素融合、智能分析、一体联动的智能生命体。①

如表1所示，智慧城市模型可以分为七个基本维度，其中，交通领域研究主要涉及"交通与移动""可达性""智慧出行"三个概念。综合上文所提及的智慧城市建设路径，如何通过数字化手段改造升级现有交通体系，使智慧交通变为现实，成为智慧城市的基本内容，是智慧城市建设过程中必须解决的问题。在此背景下，作为智慧交通中不可或缺的一环，停车产业的数字化改造也将成为时代所需与大势所趋。

表1 智慧城市模型基本维度

领域	研究涉及相关概念
能源	自然资源与能源；环境；可持续性；城市先进性
交通	交通与移动；可达性；智慧出行
城市基础设施	建筑与城市规划；实体；优质建筑和城市设计、混合住宅、传统的邻里结构
生活	医疗、安全、教育；人；密度增加；优质生活；智慧生活
政府	治理；善治；政策；智慧政府
经济	经济与人；多用途与多样性；城市开放、合作模式、服务创新；经济基础；智慧经济
凝聚力	社会；社会整合；人与社会

（二）整合数据：收集停车大数据是实现路径

杭州停车产业的数字化改造已经取得一定的成效。早在2017年，杭州市便开始专项行动，摸排全市停车资源总量，探索超大城市的停车资源规划方法；2019年，杭州城市大脑与其停车系统（智慧停车）同步上线，正式拉开了杭州停车产业数字化改造的帷幕。

目前，杭州的智慧城市建设仍处于"拼图阶段"，正从碎片化向整合化发展，在这一过程中，各部门有必要共建、协作、集成，打破信息壁垒。数字治理也要求人们运用特定技术，将碎片化的数据凝聚为高度整合的系统。停车产业的数字化改造必须基于大量停车数据的收集与整合，以停车数据的总量为基本盘，逐步收集停车数据，将物理数

---

① 傅荣校.智慧城市的概念框架与推进路径[J].求索，2019（5）：153-162.

据与用户数据进行集成,实现数据的整合,让智慧停车引领停车决策。智慧停车理念如图1所示。

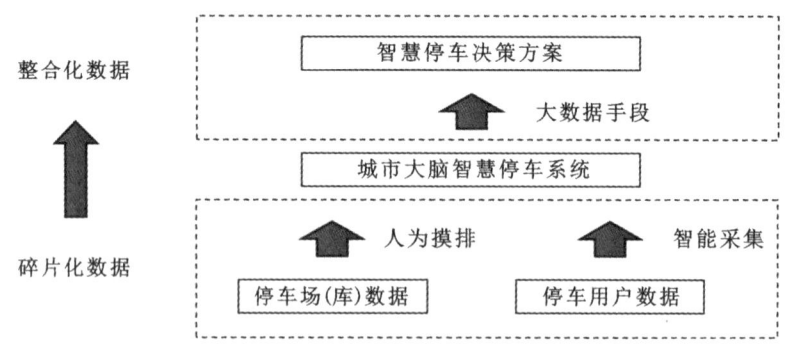

图1 智慧停车理念

为了便于对用户数据进行采集,2019年6月起,杭州市推出"先离场后付费"服务,旨在通过这种便捷用户停车缴费的方式,掌握用户停车时长、停车场(库)闲忙情况等具体数据,从而进一步获取实时停车数据,使得停车资源实现从无到有、从静态到动态,将停车资源盘活。

智慧停车建设需要解决的一大难题,是整合的数据资源无法在各个部门实现共享,也就难以得到有效利用,形成"信息孤岛"。各个主体获得的信息不能相互利用,直接限制了智慧停车系统数据库的交汇融通。而以数字技术为基础的城市大脑智慧停车系统充分利用信息技术共享信息,打破了公私部门之间以及私人部门之间纵向和横向的信息壁垒,实现跨地区、跨系统、跨部门、跨层级、跨业务的协调工作,推动了数字化治理的建设。[①]

城市大脑智慧停车系统采用的是一种逆向输出模式,如图2所示,从停车场管控、车位采集仪、车牌支撑平台、GPS卫星系统、声波探测设备等基层设施层收集得到的海量讯息,整合接入网络平台,根据不同用户期望输出加工后的数据并且逆向输出到显示屏、App等多元移动终端,最终传达服务对象。

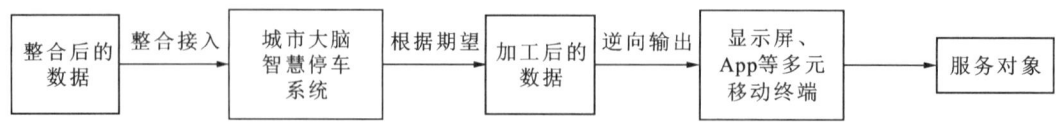

图2 智慧停车系统的数据处理

---

① 刘淑春.数字政府战略意蕴、技术构架与路径设计——基于浙江改革的实践与探索[J].中国行政管理,2018(9):37-45.

二、案例内容

（一）"共停"平台推出后无人问津

随着信息技术的不断创新，当今社会正由传统网络时代向智能时代迈进，这为停车治理提供了更高水平的技术基础。2018年，杭州市"共停"平台（见图3）上线，期望以"共享"的方式唤醒城市闲置停车位这一存量资源。从实现目标和资源盘活角度来看，这貌似是一条可行的路径。然而，"共停"平台试运行一年多后，杭州某小区却上演了这样的一幕：一辆白色私家车绕了好几圈没寻着车位，只好掉头走了。小区保安王师傅叹了叹气，说道："小区停车很难，基本没有空余车位。你看，那边门口红色的车，已经停了好几个月没动过，虽然我们小区接入了'共停'App，但哪还有车位能共享啊？要是运气好，偶尔有那么一两个车位空出来，很快也有人停了，基本上没空的。虽然共享App上显示傍晚6点前允许外来车辆进小区，其实下午3点半开始就禁止外来车辆进入了，毕竟首先要保证小区居民停车的嘛！"

图3 "共停"平台宣传

"共停"平台上线不久便遇冷,虽然项目提高停车位周转率的初衷是好的,但就实际运行情况而言,"共停"平台并没有实现理想的效果。2019年,为了系统性地解决停车难题,摸清摸透停车资源,推动停车产业数字化、智能化发展,杭州城市大脑与停车治理相结合,"先离场后付费"等一系列智慧停车手段的出现为停车治理提供了新思路。

(二)"先离场后付费"智慧停车体系

早在2017年,杭州城市大脑就以交通领域为突破口,实现了大数据优化红绿灯配时方案,使得"中河—上塘"高架平均延误降低了15.3%,出行时间节省了约5分钟。在此基础上,2019年6月,杭州城市大脑年中发布会提出基于城市大脑建立城市级智慧停车体系;到2020年6月,基本将所有停车场(库)数据接入城市大脑,全面推广"先离场后付费"项目与功能应用。图4为城市大脑停车系统的组织架构。

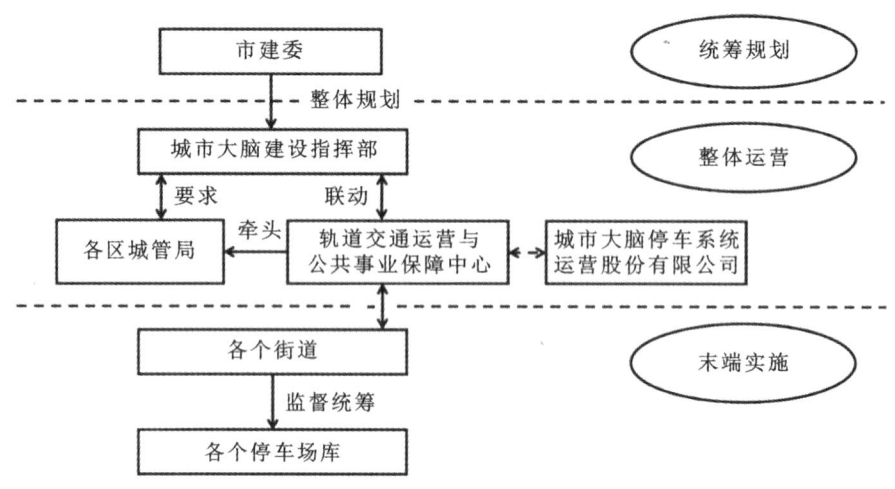

图4　城市大脑停车系统的组织架构

传统的停车流程中,车辆出场需要扫码提前支付或人工收费出场驶离。"先离场后付费"指的是在智慧停车系统下,市民只需要绑定一次车牌就可以直接驶离任何已开通该服务的车场,不需要拿出手机扫码提前支付,更不需要在杆前等待人工付费,实现"一次绑定、全城通停"。传统模式和智慧停车模式用户体验流程对比如图5所示。

2020年11月11日至30日,西湖西溪第一批试点的11个无杆化停车场(见图6)平均每天进出车辆约2800辆(次),出场速度由此前的20秒缩短到不足1秒,减少了拥堵,提高了停车场的周转率,方便了市民游客。同年11月30日起,西湖景区东起吴山城隍阁、南抵六和塔、西到云溪竹径、北至黄龙洞的57个停车场,西溪国家湿地公园的文二西路北门、周家村、邬家湾、龙舌嘴4个停车场全面撤杆,全面推行无杆停车。

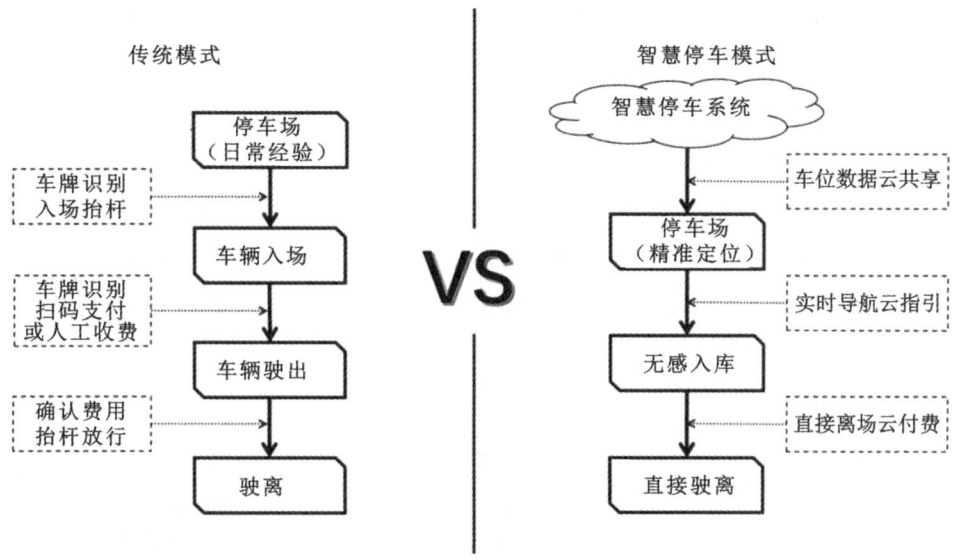

图5 传统模式和智慧停车模式用户体验流程对比

"西溪国家湿地公园北门口的拥堵没了,进出停车场更方便了。先离场后付费非常人性化,真心节省了不少等待时间!第一,不用很多人在杆子前面排队,浪费时间;第二,相对方便一点。"前来西溪国家湿地公园参加"干塘节"活动的周女士首次体验无杆停车后赞不绝口。她还说,这样的城市很聪明,让人来了就不想离开。

图6 杭州西溪景区无杆化停车场

(三)商户系统改造遇困难

停车从无感到无杆,形态上发生了巨大的变化。然而,智慧停车的建设真的如此顺利吗？无感、撤杆等方式确实能够推动城市大脑获得更多的停车数据吗？据调查，以"先离场后付费"为主要应用场景的智慧停车系统在推进过程中，也受到了来自商户和业主的阻力。杭州市远洋乐堤港商业综合体位于杭州市拱墅区，隶属于远洋集团，自拥一套完整的停车服务系统。2020年，为推进智慧停车系统接入工作，杭州市轨道交通运行和公用事业保障中心作为项目负责单位，约谈了杭州市远洋乐堤港商业综合体相关负责人，为其解读相关政策，并告知其未接入"先离场后付费"系统将无法完成收费备案工作，即无法再进行收费运营。远洋集团自费300余万元进行了系统改造升级。改造升级之后，商场内同时保留了"先离场后付费"和"先扫码后离场"的标识（见图7），"自相矛盾"的标识让人不知如何是好。

图7　杭州市远洋乐堤港商业综合体停车系统改造后

对于停车场（库）的经营者来说，一方面，自费改造升级价格不菲，众多商户无法承担；另一方面，智慧停车系统使得商场通过停车优惠吸引顾客的能力减弱，通过第三方支付平台获取用户信息的机会减少。如此一来，商户自然不愿接入、不愿使用智慧停车系统，甚至阳奉阴违、私自关闭系统，不少停车场（库）仍然维持原有的管理模式，以满足自身的个性化需求。对标杭州数百万的车主与全城接入的停车系统，"先离场后付费"单日支付笔数不达十万，略显"单薄"。

（四）政府立法规范

为了提高智慧停车系统接入率与"先离场后付费"泊位数，提高用户的使用基数，在鼓励社会力量建设停车场（库）的选择性激励以及领导部门与街道联动的压力机制下，各个城区进行"赛马榜"的竞赛机制。图8为2021年杭州城市大脑建设指挥部办公室发往各区城管局的重点任务目标，同时以"赛马榜"的方式将每个城区的接入情况进行公示，并据此给予一定的奖惩。

除此之外，为了推动智慧停车系统的接入工作，2021年1月，杭州市人民政府发布了《关于修改〈杭州市机动车停车场（库）建设和管理办法〉部分条款的决定》（政府令326号），要求"建设单位建设公共停车场和公共建筑配建的专用停车场时，应当同步配建停车场信息管理系统，并接入全市停车信息统一平台"。这意味着杭州市所有的停车场（库）必须接入杭州城市大脑的数据平台，但是并没有要求停车场（库）必须开通"先离场后付费"功能，更没有要求停车场（库）禁用原来的停车缴费平台。也就是说，该文件虽然从立法层面确认了必须接入全市停车信息统一平台这一强制性的要求，但是也留下了一些可操作的空间和难以解决的实际问题。

杭州城市大脑建设指挥部办公室

杭城脑指办〔2021〕6号

关于明确杭州城市大脑2021年第一季度区、县（市）重点任务目标的通知

各分指挥部：

　　为深化全省数字化改革工作要求，持续推进"数智杭州·城市大脑"，做深做透应用场景，根据《关于明确杭州城市大脑2021年第一季度重点建设目标任务的通知》（杭城脑指办〔2021〕2号），现将各项目牵头单位任务分解情况下发，详见附件。

　　2021年季度及年度考核均以赛马榜驾驶舱数据为准，请相关单位于3月20日前做好数据接入中枢工作，3月30日前完成数据校对工作。

　　附件：杭州城市大脑2021年一季度区、县（市）重点任务目标表

图8　杭州大脑建设指挥部办公室的通知

三、存在的问题

（一）系统漏洞频繁出现

众多市民反映"先离场后付费"系统存在优惠核销、操作烦琐、扣费错误、平台繁多混乱等问题，识别扣费都由系统自动完成，意味着车主即使有优惠券也只能原价支付，无法享受优惠，这样一来，他们对该系统颇有微词。同时，系统支付服务与许多停车场（库）中原有的收费系统兼容性较差，时常导致重复扣费；绑定错误、发生错误扣费也是常有之事；同时更有停车场（库）自行关闭系统导致混乱，民众也不知道哪些停车场可以使用"先离场后付费"、哪些不行，使用体验甚至不如原来的"先缴费后出场"模式。总之，"先离场后付费"的智慧停车系统仍处于一个支付渠道的创新阶段，没有真正构建"全城一个停车场"体系，仍然存在政策低效、经营主体消极应对、民众反馈不积极等问题。

（二）用户基数有待扩大

本调研小组共在杭州市发放了三百余份问卷，结果显示77%的用户使用过"先离场后付费"功能，有23%的用户没有用过该功能（见图9）。除此之外，46.47%的用户表示没有听说过该项功能，23%的用户担心该功能会导致安全隐患与隐私泄露，22%的用户担心系统错误扣费或相关错误。这说明在改革推进时，智慧停车要做好，就必须建立有效的宣传推广机制，同时做好相关的解释工作，这样才能让群众信任数字化改革、了解城市大脑的应用场景，让数字化场景能够真正为民所用、与民共建、与民共享。根据建设规划的方案，智慧停车系统应当包括停车诱导、服务评价等功能，但目前除"先离场后付费"外，其他相关功能仍然没有得到进一步的开发。仅靠停车方式的改变解决停车问题是不大现实的。在经营主体不能完全配合、民众意愿较低的背景下，用户基数不足，难以对系统的数据迭代进行支撑。

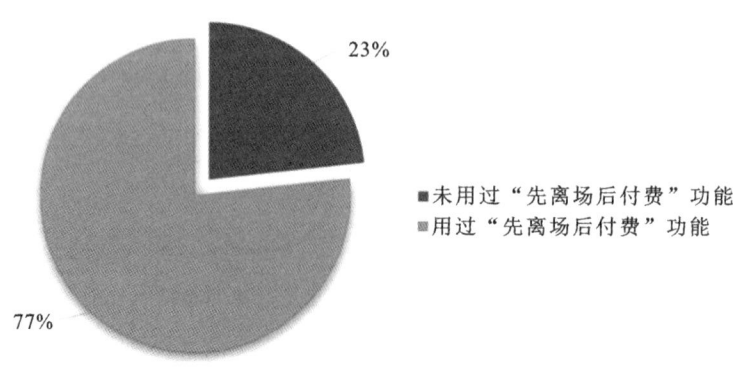

图9　市民系统使用情况

（三）经营主体消极应对

数字治理理论中的组织协同研究往往聚焦行政机关内部实现政务服务的碎片化，建议通过业务协同等手段，实现流程再造、组织再造，进而实现"无缝隙"政府建设。在"先离场后付费"的改革中，停车场（库）经营主体作为数字化改革的利益相关者，需要承担自身停车场（库）经营数据的准公开化风险。政府没有与商户形成有效的合作机制，就可能会对商户的利益产生负面影响，利益博弈下，许多停车场（库）的经营主体对此产生抵触，在启动该功能后又私下将其关闭，这使得政府信用降低、行政资源浪费。如果政府部门不能对经营主体提供合理的关切机制及可靠的数据确权机制，就难以让"先离场后付费"在末端真正实现便民的目标。

（四）民众体验两极分化

民众对于智慧停车系统的态度如何呢？通过问卷调查得到的智慧停车系统民众满意度如图10所示。民众对于该系统在停车费用结算速度、停车费用准确性、驱车离场便捷程度、车位信息准确程度等方面的表现较为满意，说明项目的建设能够满足民众在出行方面的一些需求，但是在优惠核销功能、发票功能等方面，满意度较低，这反映出便捷泊车系统在一些具体的功能上开发得仍然不够完善。此外，68位民众在问卷调查中表达了对停车系统建设的不满。其中，27.94%的民众反映优惠券无法核销，14.7%的用户反映存在错误扣费问题，13.23%的用户希望"先离场后付费"能够覆盖更广的范围。

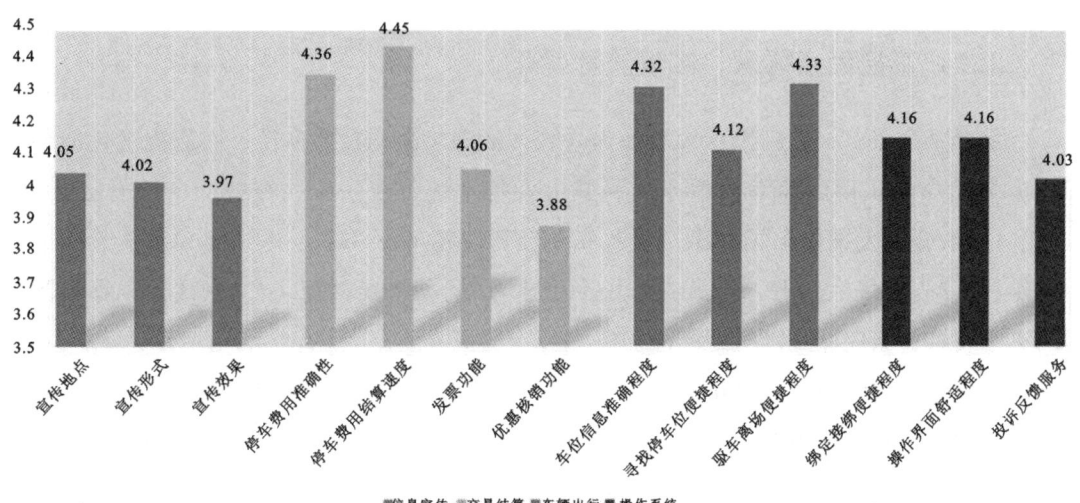

图10　智慧停车系统民众满意度

由此可见，如果不能够有效解决智慧停车系统中的问题，就难以引导民众使用该系统。优惠核销和错误扣费问题都是数字技术层面的问题，而非制度层面的问题。这也反映了只有进一步提高数字化服务的水平，用简捷、高效的服务提高居民的获得感，才能进一步"反哺"数字化改革，推动改革创新与流程再造。

四、对策与建议

（一）整合数字资源，破除碎片化服务

在智慧停车系统中，数字治理的核心为数据，智慧停车系统通过多种途径收集停车场（库）资源和停车用户资源，形成了自身的停车资源数据库，为使用大数据指导停车决策提供了数字资源支撑。同时，"一次绑定、全城通停"的背后是海量数字资源的整合，使得原来的手动缴费变成了自动开闸，减少了民众碎片化的重复行为，实现了高效的政务服务供给，在原来商户与用户的关系上做了"加法"，实现了用户行为的"减法"。

完整的城市大脑智慧停车系统包括智政、智管、智停等多个层面，覆盖多个服务对象，当前虽然停车需求、资源分析等有所起步，但在具体的服务和使用层面上，"先离场后付费"仍然未能克服运营难题，其他的服务性功能开发程度也不高，尚未提出系统性的停车解决方案。智慧停车系统应当在做深应用场景的同时，提高整体的协作能力，提高面向公众与社会的服务供给水平。

（二）重视民众需求，实现流程优化

重视民众需求，提高民众参与是提高城市治理能力的重要途径，而流程优化能够有效提高民众的获得感和幸福感。杭州城市大脑系统曾在一年内覆盖全市所有区（县、市），接入全市公共停车场（库）以及商业经营性停车场（库）共2100多家，然而推行两年后，"先离场后付费"单日支付仍不到十万笔，"错误扣费""优惠核销"等问题虽然有所改善，但仍然难以挽回因此而解除绑定的民众。

智慧停车系统建立在城市大脑助力杭州社会治理与民众停车难的现实困境上，其应该精准定位民众停车难题，不要过分关注人工收费排队和支付方式创新，而要注重开发类似停车诱导等能够有效缓解停车矛盾的功能。这反映了数字化本身并不是一种创新，数字化所带来的创新作用体现在其促进社会资源重新分配上，"先离场后付费"的流程优化是未来政府服务供给的改革方向。

（三）加强公私合作，推动协商共治

智慧停车系统的推动能否成功，关键在于政府与停车场（库）经营主体之间能否形成有效的合作治理，二者之间的数据能否真实共享，信息壁垒能否打破。前文所介绍的部分经营主体不愿接受、"软抵抗"等行为，都凸显了智慧停车系统在停车数据的收集方面遇到的困难。目前的智慧停车系统静态数据收集不完全、动态数据收集不充分，集停车诱导等功能于一体的智慧停车完整系统仍然没有被开发出来。

数字化项目的推进需要多元主体的协商共治，随着政府数字化改革的外向拓展，政企合作越来越受到人们的重视。加强政府和经营主体的合作，能够提高治理的精细化水平，但是在这个过程中需要妥善处理各主体利益纷争，建立政企合作共赢机制，将合作治理的瓶颈转化为机遇，形成长效的治理机制。

（四）立足整体利益，构建新型关系

智慧停车作为杭州数字化改革的重要组成部分，站在了数字化改革的前沿。对于政府相关部门自身改革来说，实现部门间的数据共享尚且有一定的难度，何况智慧停车的真正难点在于政府相关部门和经营主体的合作。政府与停车场（库）经营主体的合作不仅要实现数据上的共享，更要在目标上达成共识，在保障停车场（库）经营主体利益的同时，实现公共利益最大化。这样的公私合作也为数字化改革带来了机遇与挑战，杭州应以智慧停车为驱动点，在数字化改革中重塑政府和私人部门的关系，驱动制度重塑，构建数字时代新型生产关系。

新时代要求促进社会整体利益最大化，建设人人有责、人人尽责、人人享有的社会治理共同体。智慧停车系统在实践中不断探索，不断深化以人民群众利益为中心的治理目标，不断提高合作治理水平，不断提高社会治理共同体意识。在未来的社会治理实践中，要建立更加稳固、更加科学合理的社会交往关系，提升个体对社会治理共同体的归属感，促进社会治理共同体整体利益的形成，为我国社会治理的健康发展寻求正确路径，推动社会"善治"局面的形成。①

---

① 李增元，刘上上.新时代社会治理共同体的历史渊源、理论基础及内涵阐释[J].行政论坛，2021，28（4）：106-112.

案例点评

在数字化改革中,我们需要将数字资源的整合摆在首位,通过对数据资源的深度加工,提高信息供给能力,这样才能进一步实现电子政务"去碎片化",为人民群众提供更加优质集成的政务服务。2019年6月起,杭州市推出的以"先离场后付费"为主要特征的城市级智慧停车系统,旨在通过便利用户停车缴费的方式,获取实时停车数据,实现了停车产业数字化、智能化。在杭州市城市大脑建设工作计划中,智慧停车系统是重要的组成部分。杭州市于全国率先推出"先离场后付费",推动城市停车智慧化。智慧停车系统依据城市大脑的数据支撑,作为静态交通生态文明体系,覆盖众多对外开放泊位,为缓解城市停车难问题提供了新思路,成为数字化城市形态的绝佳选择。

(点评人:吴伟强 教授)

基层治理

"码"上解纷何以实现?
——浙江解纷码矛调机制与优化路径探析[①]

一、案例背景

党的十八届三中全会为创新有效预防和化解社会矛盾体制建设明确了方向。党的十八届四中全会对健全依法维权和化解纠纷机制建设方面作出了具体的要求,提出建立健全社会矛盾预警机制、利益表达机制、协商沟通机制、救济救助机制,畅通群众利益协调、权益保障法律渠道。完善立体化社会治安防控体系,保障人民生命财产安全。2017年10月18日,习近平总书记在党的十九大报告中再次对加强预防和化解社会矛盾机制建设作出强调,要求在继续推动发展的基础上,着力解决好发展不平衡不充分问题,大力提升发展质量和效益,更好满足人民在经济、政治、文化、社会、生态等方面日益增长的需要,更好推动人的全面发展、社会全面进步。党的二十大报告明确指出,健全城乡社区治理体系,及时把矛盾纠纷化解在基层、化解在萌芽状态。由此可见,如何有效预防和化解社会矛盾纠纷已经上升到国家治理层面。浙江省也对此进行了积极探索,先后出台《关于加强诉源治理工作的意见》《关于进一步加强在线诉讼的若干意见》等文件,从"最多跑一次"到"最多跑一地"再到"一地不用跑",不断创新矛盾纠纷调解机制,打造新时代的"枫桥经验"。

随着我国网络信息技术的蓬勃发展与"互联网+"理念的创新驱动,数字科技正在加快推动传统的线下产业服务和人民群众生活方式向虚拟的线上网络空间拓展。与此同时,新冠疫情的突袭,导致各种社会利益诉求迅速增加,社会纠纷的类型和数量也呈惊人增长的趋势,因而纠纷的处理要求政府在提供功能性的公共服务时更加精准、更加有效、更加公平、更加规范。在这种情况下,传统的纠纷处理模式遇到了极大的挑战。而大数据的出现既为有效地解决各种传统类型的社会问题提供了可能性,也为通过互联网大数据平台在线解决纠纷提供了新的解决机制。人们利用大数据平台,能够在海量的解

[①] 案例编写:卢卉钰、杨飞杰、应宜轩、陈浩、蔡子健、王文尉。案例编辑:张鹏。

决问题方案信息中通过智能技术发现类似的已经处理过的案例，实现从案件的出现、跟踪到处理的全面应对。

近年来，在"数字浙江"建设的引领下，浙江走在了数字治理的前列。2021年2月18日，引领改革风气的浙江，在全国率先部署了关系全局、影响深远、制胜未来的重大集成改革——数字化改革。

借力数字化改革，浙江省各地的社会矛盾纠纷调处化解中心（以下简称矛调中心）不断迭代升级，建立了更为完善的社会矛盾纠纷调处化解体系，为群众提供更优质、更精准的服务。在过去，矛调中心也运用了一些数字化手段，但仅停留在工具层面，而此次数字化改革，是以线上改革来倒逼线下改革。矛调中心在接收到群众的求助后，可立即通过浙江省矛调协同应用系统远程对接相关部门，收集数字证据，让协调过程更具说服力，使各类纠纷平均化解时间缩短为1天半。以数字化手段迭代升级，全省90个县级矛调中心不断拓展新功能。杭州余杭区矛调中心开发了矛盾纠纷"一键搜"搜索引擎，输入纠纷关键词或应用场景，"基层治理四平台"综合信息系统便能显示这类情况的大数据分析图，供镇（街道）、村（社区）提前发现、研判和处置问题；宁波镇海区打造了社会全息智治平台，实现重点社会事件多部门"一件事"处置；衢州衢江区上线"云智掌上指挥室"，对跨地域、跨层级纠纷实现"一网协同"处置；金华兰溪市建立了矛盾调解数据矩阵，进行智能化提前防范。

对标数字化改革一体化、全方位特征，浙江省矛调协同应用系统以问题为导向，纳入更多涉及处理矛盾纠纷等社会治理的业务系统，进一步对接县级矛调中心、"基层治理四平台"和村（社区）全科网格，打造全新的线上矛调中心，使广大群众在线上就能通过数据共享、部门协同、视频调解等方式解决矛盾纠纷。

二、案例内容

（一）具体做法

2021年3月以来，浙江省委政法委员会牵头主管，浙江省高级人民法院立项代建，在浙江省发展和改革委员会、浙江省财政厅、浙江省大数据发展管理局的大力支持下，浙江省总结杭州市上城区和滨江区、湖州市长兴县、台州市仙居县、丽水市缙云县等地探索试行的做法，历时3个多月，对ODR（在线纠纷解决系统）平台进行迭代改造，和浙江省矛调协同应用系统进行融合，完成了浙江解纷码的开发，打造了线上矛调中心。2021年7月8日，在全省推进平安法治"一件事"集成改革暨县级矛调中心标准化建设视频会议上，浙江解纷码数字法治应用场景正式发布。浙江解纷码以浙江ODR平台为基础,充分利用ODR平台线上纠纷处置能力和调解资源,通过与浙江省矛调协同应用系统深度对接融合,实现了业务流程的优化重塑,打造形成线上线下一体矛盾纠纷调处化解新模式。

浙江解纷码平台设置了"我要调解""咨询服务""投诉举报""其他服务"四大主题功能模块,搭建了线上事线上办、线上事线下办、线下事线上办三大场景,为当事人提供调解、咨询、投诉、举报等一站式受理和服务。矛盾纠纷当事人扫描对应二维码即可通过"浙里办"App,线上申请纠纷调解业务,真正实现扫码解纠纷、纠纷"码"上解。浙江解纷码采取"一案一编码、一码管到底、全程可追溯"的处理方式。当事人在平台录入相关信息后,平台会生成一个二维码。当事人可通过扫描该二维码,全流程实时追踪纠纷调解环节、进度和结果。浙江解纷码平台还具有在线司法确认和诉讼立案功能,在纠纷调解过程中为当事人提供全周期的司法保障。

1. 体系——嵌入协同服务体系,深化数字改革模式

1)各部门联动机理

(1)三级矛调中心与法院的联动

首先,纵向联动。浙江省以县级矛调中心为枢纽,建立上下对接的协调办事机制,依托信息化手段,推进业务上下协同、数据共享互通,主动承接"基层治理四平台"、村(社区)全科网格的服务事项,协调指导乡、村两级开展公共服务、矛盾化解、社会治理等工作,完善基层社会治理线上线下联动的工作运行体系。同时,积极推动社会治理优质资源向乡镇(街道)下沉,完善乡镇(街道)四平台运行管理机制,有效解决乡镇(街道)社会治理力量分散、条块分割等问题,实现一体化联动、全方位延伸,努力将群众信访和矛盾纠纷吸附在当地、解决在当地。

其次,横向联动。基层法院入驻县级矛调中心,提供调解指导、司法确认、诉调对接、登记立案、简案速裁和涉诉信访等线上线下的诉讼服务。对于调解成功的纠纷,基层法院提供司法确认服务;对于调解不成功的纠纷,如果当事人坚持通过诉讼方式解决纠纷,由基层法院对接矛调中心,登记立案,按照"简案快审、繁案精审"标准再次分流。对于法律关系清晰、案件事实明了的简单案件,基层法院直接在矛调中心快审快结;对于法律关系比较复杂的案件,由法院本部的繁案团队进行精审,进一步提高审判质效,切实保障人民群众的合法权益。

(2)浙江解纷码与共享法庭的耦合

共享法庭是一种数字空间,也是虚拟的人民法庭,它"不增编、不建房",以"一

根网线、一块屏"为标准配置，集成浙江解纷码、移动微法院、庭审直播系统、裁判文书公开平台等软件模块，具备调解指导、网上立案、在线诉讼、普法宣传、基层治理等功能。

共享法庭是"信访打头、调解为主、诉讼断后"工作格局的最小单元，可以打通信访、调解、诉讼"三支队伍、三个环节"，实现县、乡、村"三级联动"，形成线上线下高效协同、整体智治的一体化矛盾纠纷调处化解工作闭环。

浙江解纷码作为共享法庭的一部分，主要负责诉前的调解工作。共享法庭的一个端口连接浙江解纷码，当纠纷调解不成功时，该纠纷可进入共享法庭的其他平台，进行诉中、诉后的处理。共享法庭与浙江解纷码相互耦合，更大范围地连接人民法庭、矛调中心、镇街村社等组织及法官、调解员、网格员等人员，实现了人民法庭与基层组织线上线下深度融合、优势互补、资源共享，为打造"小事不出村、大事不出镇、矛盾不上交"的社会治理格局注入新动力。

2）数字赋能一体化一站式服务平台

（1）积经验：数字化改革在部门间应用的发展与成效

要以需求为突破口，打造重大应用。除了运用数字技术外，最为关键的是实现跨部门、跨区域、跨层级的大协同。这样的"多跨协同"，是数字化改革不同于政府数字化转型的显著特征。政府数字化转型一般在单个部门和系统内推进；而数字化改革则需要多个部门协同推进、多个系统共同发力。

为了对"多跨协同"提供支撑，浙江省创新性打造了省市县贯通的一体化、智能化公共数据平台，助力各部门、各层级的数据、组件等各类数字资源实现高效的共建共享。比如，2021年上线的"浙江企业在线"就是涉及业务多、办事流程较复杂的平台。该平台整合了全系统24个业务处室，将原本分散在不同部门的800多个监管事项、103个服务事项进行梳理，汇聚到平台上。企业不再需要跑多地，只在一个平台上就可以享受全生命周期的一体化管理服务。再如，"健康大脑"平台汇聚了全省3万多家医疗卫生机构相关信息，关联跨部门多源数据近3亿条，具有居民电子健康档案4400多万份、电子病历5600多万份、医学影像索引1.4亿份。在此基础上打造的"浙里防疫"应用，在新冠疫情大战大考中发挥了重要的作用。

（2）再发力：数字化改革落实于浙江解纷码，进一步统筹工作

浙江解纷码以ODR平台为基础，充分利用其线上纠纷处置能力和调解资源，通过系统对接融合、业务流程重塑，实现矛盾纠纷调处化解线上线下一体联动。浙江解纷码运用"V"字模型（见图1），系统梳理省级矛盾纠纷事项分类方案，分解基层矛调工

作任务,将其拆解成最小颗粒度,明确指数体系,同时根据风险等级、调处情况、区域特点等事件属性,制定21类84项分类标准,为数据分级分类统筹管理夯实基础。

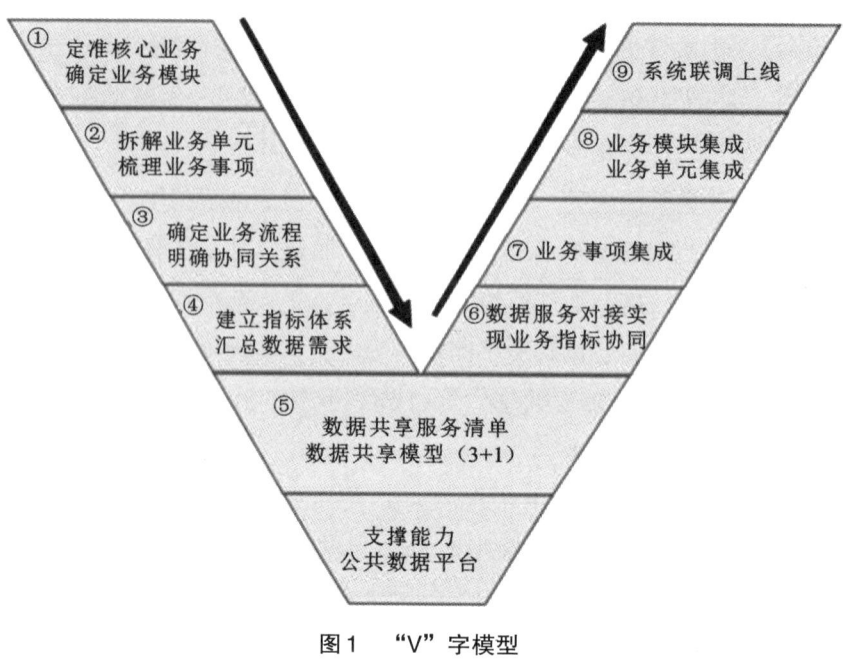

图1 "V"字模型

2. 目标——织密溯源治理网络,打造新型矛调格局

(1) 溯源式治理,形塑浙江解纷码

溯源治理中最为核心的环节是运用大数据的分析和治理能力进行意义建构和政策分析,这一方面可以增强对风险的预测能力,另一方面可以提高风险管控的精准性。

杭州市健全社会矛盾风险防范化解体系重大多跨场景的建设已经证明了可以通过将大数据和物联网等技术结合,实现对社会矛盾风险的全面感知,进而在一定程度上通过利用大数据、人工智能等领域的前沿算法,相对准确地判断社会矛盾风险,并采取相应的优化管理策略。开展源头治理的前提是预警系统做到风险溯源,引入社会矛盾风险发生机制及因果网络,通过源头治理系统降低社会矛盾风险,把健全社会矛盾风险防范化解体系重大多跨应用场景的功能从"数字辅助决策"深入推进到"数字嵌入治理"。

(2) 全流程调解,擘画新型矛调格局

浙江解纷码处理纠纷的流程如图2所示。

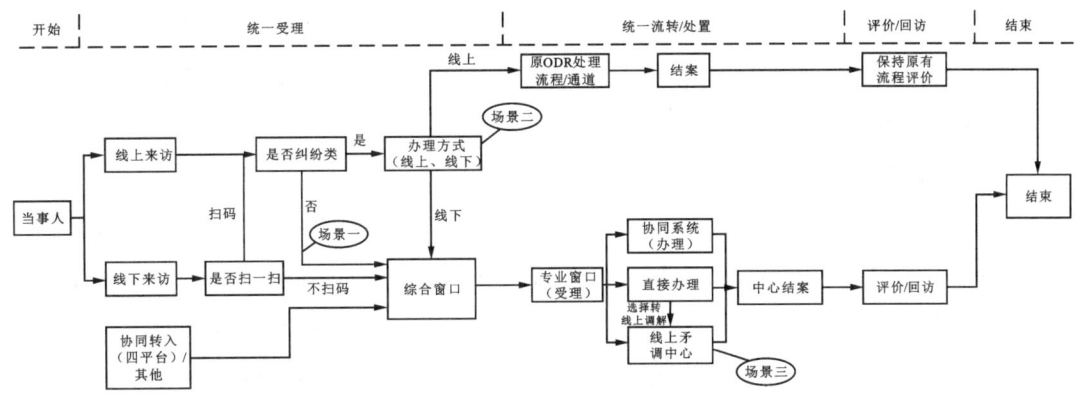

图2 浙江解纷码处理纠纷的流程

3. 结构——四大功能模块耦合，助推基层治理体系

浙江解纷码四大运行机理如图3所示。

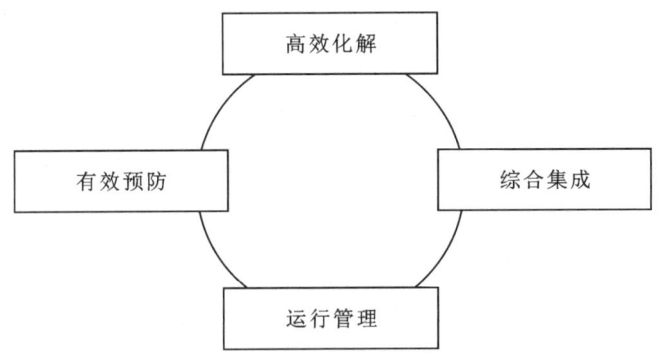

图3 浙江解纷码四大运行机理

（1）有效预防

相较于矛盾风险发生后的响应化解机制，把社会矛盾风险消弭于萌芽状态能够更加有效地控制社会矛盾纠纷发生的数量、频率及规模，而社会矛盾风险防控的源头治理关键在于对社会治理各领域的信息进行全量归集、提前研判、即时预警。当前，浙江省社会矛盾风险防范化解协同机制对省级矛盾纠纷事项分类方案进行梳理，对基层矛调工作任务进行分解，根据风险等级、调处情况、区域特点等事件属性统一事项分类标准；贯通法院、司法、信访、人社等21个部门，共享"浙里调""浙里访""ODR"等5个系统数据239万余条，梳理矛盾纠纷信息归集清单，构建矛盾纠纷数据仓；清洗平台存量数据，规范平台增量数据，重塑矛盾纠纷专题库，强化纠纷全量支持。

依托浙江省社会矛盾风险防范化解协同机制，浙江解纷码解剖矛调业务流程，梳理形成指标体系213个，聚合34项业务规则，聚焦重点人、事、企业、行业、区域，贯通多源纠纷数据，以多发、频发为标准，构建算法模型以及社会风险分析模块，打通"雪亮工程""警网融合"等数据接口,科学感知社会矛盾风险态势,建立实时会商研判机制,增强风险预警的前瞻性与协同性,预警矛盾纠纷背后的风险隐患,从而有效预防不同类型的矛盾风险。

(2)综合集成

这里以杭州市上城区数字化多跨(跨领域、跨层级、跨部门)场景矛盾纠纷化解的实践探索经验为例进行说明。上城区统筹"云上智控"涉众型风险预警引擎建设等社会矛盾风险防范化解项目,基于省市数据共享平台获取相关部门数据和社会面数据,在上城区一体化、智能化公共数据平台建设全量社会矛盾纠纷风险数据库,依托"基层治理四平台"和"三级数字驾驶舱",对接公安"110"警情、"12345"投诉等11类信息资源,进行线上"数据联席",重点围绕P2P网络借贷平台问题、房地产开发管理问题、劳动和社会保障问题等进行数据模型运算和分析预警,为涉众型风险的防范、预警、处置、管理提供大数据支撑。

浙江解纷码集成各地围绕矛盾风险化解、预防处置等方面的实践探索,如"云上智控"涉众型风险预警引擎(上城区)、村社矛盾纠纷化解辅助运用(临安区)、"只反映一次"(桐庐县)、社会矛盾风险智能预警处置平台(余杭区)、平安钱塘社会治理五色预警(钱塘区)等,从省域治理的整体视角和矛盾纠纷调处化解的各环节、各层面、各领域的相互关系以及矛盾风险防范的内在联系来探究重大多跨场景建设,以"数据分类标准+数据共享标准"方式建立网络化综合治理数据共享平台、以"数据协同+业务协同"方式建立一体化防范化解业务协同体系、以"即时数据+事后数据"方式整合建立科学的矛盾风险防范体系,通过全面评估社会矛盾风险防范化解数据协同现状、数据协同需求,实现重大多跨应用场景全域数据互联互通,为重大多跨应用场景提供各类数字化基础支撑和有效工具。

(3)运行管理

为全面提升社会矛盾调处能力,浙江解纷码对线下三级矛调中心的运行管理情况进行了全程管控、全程统筹、全程监督,形成全链条的处置闭环,实现每项矛盾纠纷受办情况的可追踪、可溯源、可复盘。

第一,从受理量、受理类型、办理情况等方面对矛调中心进行业务画像。根据矛调工作实际情况,依托浙江省矛调协同应用系统,及时掌握镇街、村社、网格矛盾纠纷信息,根据当地矛调中心纠纷受办情况需要来配置矛盾调解资源,构建村级"首诊"、镇级"会诊"、区级"终诊"的社会矛盾纠纷调处闭环,实现"小事不出村、大事不出镇、矛盾不上交"。

第二,通过数据化、指标化对调解力量进行管理,为力量调配整合提供决策依据。

建立矛调过程化考核体系，确定信息质量有效率、矛盾纠纷三级占比、突出矛盾纠纷占比、突出矛盾纠纷化解率、万人成讼率等考核评价指标，实现动态过程管理、动态评价、动态排名。

第三，从人员评价和事件评价两个维度，对调处化解成效作出科学评价。做好一事双评，矛调中心按照统一组织、应评尽评原则，既评价人员服务满意度，又评价处理结果满意度，且将评价结果纳入成效考核。

（4）高效化解

第一，溯源追踪。浙江解纷码协同主动排查、智能感知、部门转派、上级交办、线上来访和线下来访等矛盾纠纷信息源头业务，通过纠纷频次统计和热词分析，在第一时间掌握热点纠纷、全面感知社会矛盾纠纷、预判潜在风险隐患，获得矛盾纠纷前期的事实证据。

第二，调处化解。浙江解纷码贯穿矛盾调处业务全流程，把控矛盾化解的各个环节，通过分析研判各级矛调中心矛盾纠纷全量库，汇集线上线下各渠道具体的矛盾纠纷数据，跟踪每个具体矛盾纠纷事项的调解情况。

第三，整合资源。浙江解纷码整合人民调解、行政调解、司法调解、行政裁决、仲裁、公证、行政复议、信访和诉讼等调解资源，合理分配矛盾纠纷化解多元主体资源，降低不必要的调解资源消耗。

第四，科学评价。浙江解纷码建立了矛盾纠纷化解科学评价体系，协同矛盾纠纷化解过程评价、人员评价和结果评价管理，全面协同矛盾纠纷高效化解全程业务。

（二）作用和效果

1. 职能部门：原是各自为政，现是贯通协同

依托线上线下矛调中心，浙江省的众多职能部门实现了贯通协同。跨部门横向贯通法院、司法、信访、人社等21个部门，纵向贯通"省—市—县—镇—村—网格"六级指挥；跨层级共享"浙里调""浙里访""ODR"等5个系统数据239万余条，梳理矛盾纠纷信息清单，协同归集、有序构建矛盾纠纷数据仓。截至2021年12月，杭州市通过浙江解纷码（线上矛调中心）调解纠纷32862件，结案率达94.03%；通过浙江省矛调协同应用系统（线下矛调中心）调解纠纷6240件，结案率达93.44%。

在推进多跨协同的基础上，浙江省全面推进跨部门、跨行业的业务流程优化、制度重塑、管理重构，整合医疗、交通、银行保险业等15类行业性、专业性调解委员会，通过调解、行政裁决、行政复议、诉讼等多元化解方式，为矛盾纠纷调处提供硬核支撑。2021年1月至11月，杭州市人民调解员成功调解95015件矛盾纠纷。

2. 当事人端：疫情防控两难见，一码纠纷云上解

在当时新冠疫情防控常态化的背景下，浙江解纷码可以不受时空等限制进行纠纷调处，大大节省了各方人员的时间、路程等成本，让调解更加高效。

这里以2021年杭州市临安区於潜镇矛调中心调解的跨省工程款拖欠纠纷为例进行说明。2020年，杭州某房地产公司将於潜镇某售楼处装修工程承包给浙江A建设公司，浙江A建设公司又将该工程分包给安徽B建设公司。於潜镇7家材料供货商为安徽B建设公司供应石材、油漆、灯具等建筑材料。据了解，该装修工程审计价格约为100万元。其间，杭州某房地产公司向浙江A建设公司支付款项76万元，浙江A建设公司据此向安徽B建设公司支付部分款项，而安徽B建设公司却以未收到全部工程款、影响公司开具发票为由拒绝向7家材料供货商支付相应费用。7家材料供货商多次索要无果，向临安区於潜镇人民调解委员会申请调解。

於潜镇人民调解委员会接到申请后，迅速召集各方当事人展开调解，却不想困难重重。由于当事人分散在不同的地区，统一召集到於潜镇进行调解颇费了一番周折。调解过程中当事人各执一词，险些大打出手，以至于调解员不得不联系辖区民警前来维持秩序。各方对于工程款结算数额、开具发票顺序、税点以及企业财务记账等事项迟迟未能达成一致，调解不欢而散。

考虑到各方当事人分居省内、省外不同地区，为了尽快帮助材料供货商追回工程欠款，降低人员跨省流动频率，在征得各方当事人同意的前提下，调解员决定借助浙江解纷码进行线上调解，进行"你不来、我不去"的"空中"调解。

调解定于2021年9月30日9时开始，於潜镇人民调解委员会在浙江解纷码平台上对该纠纷案发起线上调解。待所有当事人上线，并确认各方网络顺畅后，调解员宣布调解开始。得益于前期全面、深入的调查以及收集到的充分事实证据，在调解员的努力下，当事人终于对工程款结算数额、发票开具流程及付款时间等事项达成一致。拟好调解协议后，於潜镇人民调解委员会通过浙江解纷码将调解协议发送至线上平台，当事人核对无误后进行在线签名确认，这大大节约了当事人的诉讼成本和时间。至此，这场项目工程款拖欠纠纷得以化解。

（三）问题难点

1. 内部数据不贯通

浙江解纷码的设计初衷是解决诉前纠纷，随着案件层层递进，数据通过单向端口从浙江解纷码传递到法院。但据调研了解，现实生活中，浙江解纷码处理的自主申请案件的数量较少，大多是从法院分流下来的诉前案件。由于浙江解纷码的系统和法院内部的

系统网络没有完全打通，纠纷信息的导入、笔录的录入、案卷的材料等数据都无法在浙江解纷码系统直接上传，这给法官和调解员的工作造成了较大的不便，使得他们更倾向于使用其他打通内网的平台。

2. 解纷系统不稳定

浙江解纷码上线一年多的时间里，系统的运行和维护较为不稳定。课题组成员在调研过程中了解到，从后台PC端登录浙江解纷码后，页面窗口常常难以弹跳出来，同时还有处理案件卡顿时间较长等问题，这降低了调解员和法官的工作效率。此外，相关的网络技术公司也没有定期对浙江解纷码系统进行维护。

3. 普及率不高

由于大多数民众更习惯使用传统纠纷解决的模式，浙江解纷码这一新型纠纷解决机制在浙江省内的普及应用率较低，民众运用该种模式解决纠纷的意向不强。据调研了解，尽管各试点地区通过张贴海报、摆放印有浙江解纷码二维码的牌子等方式进行推广，但民众"知其名而不知其用"或是"不知其名也不知其用"，遇到纠纷依然选择传统调解流程。此外，在使用浙江解纷码进行调解前，诉求人要填写一系列信息，操作流程相对复杂，这对于受教育程度较低的群体或者老年人群体来说稍有困难。可见，缺乏社会认同的现实问题对浙江解纷码的长远发展提出了挑战。

三、对策与建议

（一）优化机制——多主体共参共建

在走访调研过程中，我们发现浙江解纷码目前的运行模式在解决劳务、教培、医患关系等主要纠纷模式方面效率较高，但对于特殊事件难以在第一时间做出专业回应，无法为诉求人提供个性化的服务。在实际操作过程中，诉求人往往需要根据案情的变化临时联系其他职能部门，以推动纠纷处理进程。同时，浙江解纷码当前的调解模式较为简单，事件处置在很大程度上依赖于调解员的判断，缺乏精准性。厘清多元主体在纠纷化解工作中的职责，有助于避免各主体的相互推诿和擅权揽责，是纠纷多元化解工作顺利开展的前提。由此，课题组向相关决策部门建议，由政法委牵头，引入多个职能部门共同参与浙江解纷码的建设，在原有调解员的基础上额外设置岗位，根据不同事件的需要引入不同部门的职能人员，为案件提供来自专业视角的信息，实现信息共享、坦诚互信，构建多主体共同参与的机制。

（二）加强宣传——推进强流量走深走实

目前来看，浙江解纷码尽管已经具备了较为成熟与领先的软硬件条件，其调解模式也较为领先，但实际应用率并不高。其主要症结有以下两点：其一，大部分民众对于传统的信访、诉讼等调解形式依赖程度较高，对于浙江解纷码的了解程度很低；其二，大部分民众对于浙江解纷码的认知程度有待提高，很多人误以为其调解过程冗长、调解结果落地难等。为解决这一问题，课题组建议相关决策部门采用灵活多样的形式，强化对于浙江解纷码的宣传力度，运用大数据技术、融媒体手段为浙江解纷码提供流量扶持，提升民众对浙江解纷码的认识和信任度。

（三）招才引智——引入培养促育才用才

相关资料与课题组访谈结果显示，当前参与浙江解纷码调解的调解员主要分为两类：一类是具有专业学科背景的年轻人；另一类是具有丰富调解经验的临退休或已退休人员。矛盾纠纷调解不同于对簿公堂的诉讼环节，它是"情"与"法"的结合，因此，两类调解员尽管各有特点，但都需要成长学习。由此，课题组向相关决策部门建议，在浙江解纷码的建设过程中要重视人才的引进与培养，提高调解员待遇，吸引具有专业学科背景或调解才能的人才加入，为其讲授法律知识，确保调解结果的准确性，同时传授或提高其调解技巧或艺术水平，提高调解效率，最终打造一批专业的调解员队伍。

（四）积厚成势——依托外辐射推广推行

浙江解纷码目前在省内各地以不同的方式开展，各个地区的开展模式与发展程度有所不同，由于许多地区曾产出自身的矛调模式，也造成了浙江解纷码陷入发展慢、宣传难的境地。此外，浙江解纷码平台完成的矛调事件与其他矛调事件或诉讼案件之间并没有进行统一的归纳整理。由此，课题组向有关决策部门建议，重视对已有案件的归纳整理，通过词条化、标签化对案件信息进行统一收纳，从而对案件类型等信息进行计算，提高社会矛盾风险防范能力；同时对已有建设经验做好总结宣传工作，积厚成势，摒弃部门隔阂，尽早推动浙江解纷码在全省域范围内发展。

 **案例点评**

当下,随着社会飞速发展,各种利益诉求错综复杂,社会纠纷的类型和数量也急剧增加。处理群众纠纷的传统模式遇到了极大的挑战,而大数据技术则为高效、精准地化解社会矛盾提供了可能性。党的二十大报告强调,"在社会基层坚持和发展新时代'枫桥经验',完善正确处理新形势下人民内部矛盾机制","畅通和规范群众诉求表达、利益协调、权益保障通道"。浙江解纷码是发展新时代"枫桥经验"的有益探索,它以浙江ODR(在线纠纷解决系统)平台为基础,充分利用ODR平台线上纠纷处置能力和调解资源,通过与浙江省矛调协同应用系统深度对接融合,实现矛盾纠纷调处化解线上线下一体联动。浙江解纷码的运行机制可概括为"一案一编码、一码管到底、全程可追溯",由此实现群众解纷止争"一次不用跑"。浙江解纷码提供了矛盾调解的创新模式:聚焦整体智治、高效协同、多跨联动目标,横向协同信访、司法、人社、法院等部门,纵向贯通"省—市—县—镇—村—网格"六级指挥,实现线上线下一体联动,从而有效地提升了社会矛盾调处能力。

(点评人:赵玉林 副教授)

零距离"便民神器",政务服务送上门
——基于西湖景区"流动的行政服务中心"案例①

一、案例背景

2017年1月16日,本着加快政府转型升级的理念,"最多跑一次"改革被写入浙江省政府工作报告,在随后的2月20日,浙江省人民政府印发了《加快推进"最多跑一次"改革实施方案》,指出充分运用"互联网+政务服务"和大数据技术,全面推进政府自身改革,倒逼各地各部门简政放权、放管结合、优化服务,促进体制机制创新,使群众和企业对改革的获得感明显增强、政府办事效率明显提升、发展环境进一步改善,不断增强经济社会发展活力,并提出了"一窗受理、一次办结""一窗受理、集成服务"等全新理念。2020年,浙江省人民政府印发的《浙江省深化"最多跑一次"改革推进政府数字化转型工作总体方案》提出了"加快推进政府数字化转型,高标准建设数字政府"的总体要求、总体框架和主要任务等,全面推进政务服务建设,引领政务服务从网上、掌上"可办"向"好办、易办"转变。

杭州市在智慧城市建设方面一直走在我国前列,近些年杭州市一直致力于打造"数智杭州、宜居天堂"。若想推动数字治理高质量发展,必须充分保障不同群体对数字化的适应力,切实提高数字应用的均衡性和普惠性。进入21世纪以来,我国老年人口数量呈明显上升趋势,2020年,我国65周岁及以上老年人口已达到1.9亿,占总人口的比重达13.5%,已然迈入老龄化阶段。此外,随着老年人寿命的延长,老年群体将变得越来越庞大,以银龄群体为代表的数字鸿沟问题已经成为数字化时代背景下,各地区各部门在治理过程中面临的重要问题。

近年来,在经历"最多跑一次"改革和深入的数字化转型后,杭州西湖风景名胜区(以下简称西湖景区)行政服务中心形成了"线上政务服务平台+线下固定窗口"的政府服务形式,不仅为居民办事带来了便利,也大大提高了政务服务的办事效率。然而,受地域独特性的影响,西湖景区行政服务中心也遇到了一些服务难题。

---

① 案例编写:谢丽涵、王楠、姜滢、范燕妃、吕炎哲、赵天亦、饶玉娟。案例编辑:闫丹。

（一）人口老龄化问题突出

受社会历史、自然景观等因素影响，西湖景区辖区内老年人口数量多、占比大，结合《杭州市2019年老龄事业统计公报》数据，西湖景区60岁及以上人口占该区总人口的30.12%，老年人口比重大。以具体社区为例，经调查，九溪社区总人口为2583人，其中65周岁以上的有800余人，几乎占总人口的1/3，且普遍文化程度较低，行政服务中心难以通过"线上政务服务平台＋线下固定窗口"的形式兼顾这类群体的办事需求。

（二）新冠疫情对社会治理的挑战

2021年来，我国的新冠疫情已经得到了有效控制，但从科学防控的角度来看，政府和学界并不鼓励居民进行经常性的集聚和流动，因为不能排除潜在的病毒传播危险。在这种背景下，如何让公众在尽量少出门的情况下享受不减量的公共服务，是包括西湖景区在内的所有地区政府所关心的社会治理难题。

（三）社区分散，出行成本高

西湖景区内地势高低错落，村社分布其中和边缘地带，到行政服务中心的距离远近不一，且景区内的主要道路多为南北走向，交通路线分散，道路间的连贯性较差，现有的公交站点相隔距离远、发车间隔时间较长，居民外出办事耗时久、办事成本高，出行存在不便。

从卫星地图分布上看，西湖景区总体占地面积大，辖区内山林湖泊多，行政村和社区的分布较为分散，村社之间有一定的距离。受山林分布影响，西湖景区内的主要道路较为单一且有限，靠近钱塘江一侧和西湖景区外围的村社到西湖景区行政服务中心的距离普遍较远，居民出行多有不便。秉持"为人民服务"的宗旨、"为群众办实事"的初心，西湖景区行政服务中心走上了探索更加让群众满意的政务服务的道路。

二、案例内容

（一）项目落地：服务窗口的再造创新

为迎接和庆祝中国共产党成立100周年，学习贯彻习近平总书记重要指示精神，响应习近平总书记在浙江工作时提出的"民有所呼、我有所应，民有所呼、我有所为"明确要求，2020年3月，西湖景区行政服务中心以"最多跑一次"改革为引擎，以党建为引领，推出百场"流动的行政服务中心"特色品牌项目，面向广大群众提供政务服务、公共服务及旅游咨询服务，旨在将为民办实事的工作做好，落实建立健全为民办实事长效机制，主动回应人民群众呼声、更好地满足人民群众对于美好生活的需要。

1. "三张清单"——供需有效衔接

"流动的行政服务中心"项目通过打造"需求清单、服务清单、志愿清单"三张清单，精确定位服务需求。具体而言，"需求清单"由西湖景区行政服务中心向辖区内所有的社区、村落以及合作企业等征集需求事项，并结合前期的调研情况进行罗列；"服务清单"由西湖景区行政服务中心对所有进驻单位和部门所能提供的服务进行统计，从而制定完整的清单并对外公布，在活动执行前，"流动的行政服务中心"会针对各社区、村落以及企业的特殊需求提供服务，从而实现供给与需求之间更高效的对接；"志愿清单"是由与项目搭建合作的各界志愿者组织统计的。

2. "五进行动"——针对性服务供给

"流动的行政服务中心"面向市民游客、务工人员、弱势群体开展进景区、进广场、进村社、进企业、进学校的"五进行动"，针对不同地区公众的不同群体特征提供具有针对性的服务。例如，对于景区来说，更多的是为游客提供景区预约、身份证补办等政务服务；对于企业来说，可以帮助其进行工商业登记；对于村社来说，则是为居民提供社险医保、市民卡咨询等服务。图1为"流动的行政服务中心"现场。

事件一：2021年4月2日上午，西湖景区行政服务中心联合景区市场监管分局、杭州银行求是支行走进西溪湿地开展百场"流动的行政服务中心"助企纾困专场活动，帮助当地个体工商户办理营业执照变更，普及就业人才事项的"就近办"与"互联网＋金融"资讯。

事件二：2021年6月23日、6月30日，西湖景区行政服务中心百场"流动的行政服务中心"活动联合杭州银行求是支行分别走进洪春桥和虎跑城管驿站，面向环卫工人开展政务咨询及便民服务。活动现场，中心智能导办窗口专职工作人员积极为环卫工人介绍办事大厅高频事项及自助机可办事项，指导环卫工人使用手机下载"浙里办"App，告知其如何查询个人社保参保情况等。

事件三：2021年7月16日，西湖景区行政服务中心百场"流动的行政服务中心"活动进入九溪社区，专门面向九溪社区的老年人现场开展政务服务掌上办、第三代市民卡办理、社会救助、社保医保、企退政策、垃圾分类知识宣传等服务，同时提供义诊、理发及眼镜清洗等便民服务。

图1 "流动的行政服务中心"现场

3. "志愿三团"——多元主体参与

"流动的行政服务中心"项目旨在搭建"政府专业指导＋暖心志愿服务"模式,通过整合共建单位党(团)员志愿者、社会志愿者、高校志愿者力量,组建"志愿三团"——宣传团、帮办团和代办团,为公众提供不同方面的服务。志愿者积极为公众提供面对面的数字化旅游咨询服务,水、电、气等公共服务事项和医保、社保、排水、消防等政策宣传、咨询解答服务,高频事项代办帮办指导服务以及掌办、网办操作指导等服务。

2021年以来,西湖景区行政服务中心开展"流动的行政服务中心"志愿服务49场,参与志愿者达近300人次,服务群众超2000人次,服务企业350余家,帮办事项500余件;提供在线咨询服务、远程服务2000余次,共计9000余分钟。

"流动的行政服务中心"用贴近群众、灵活多样的政策宣讲、代办帮办、操作指导等服务方式,推动公共服务事项数字化操作的宣传应用,打造了全市首个公共服务事项宣传智能流动志愿服务岗,把服务送到群众家门口,从"人找服务"转向"服务找人",实现了政府与群众"最后一公里"的政务服务连接,切实实现了群众办事从"最多跑一次"到"零次跑"的转变,创新地解决了群众与公共部门之间"最后一公里"的难题。

"流动的行政服务中心"项目模式如图2所示。

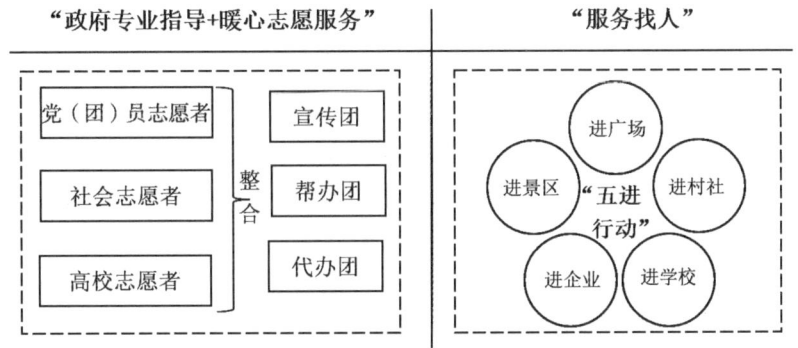

图2 "流动的行政服务中心"项目模式

4. 便民服务的未来蓝图

为了进一步扩大项目覆盖范围，提高服务质量，从2021年7月开始，西湖景区行政服务中心在西溪湿地设置西溪行政服务点，每周上门开展驻点服务，将服务范围覆盖到湿地，大大方便了这里的企业和居民。

未来，为了克服项目流动性的固有弊端，西湖景区行政服务中心将进一步搭建"政府专业指导＋暖心志愿服务"项目模式，通过政策支持、专业培训指导、志愿服务团队送暖心服务等方式，提供每周驻点服务（见图3）、定期流动服务、常态化协调反馈等，打造集行政审批、公共服务、政策解读等于一体的全功能、全要素、全覆盖的政务服务流动窗口和无差别办事模式，变静为动，从"等客上门"到"上门服务"，拉近和群众之间的距离，提高办事服务的幸福感和满意度。总之，要精准把握"人民城市人民建，人民城市为人民"理念，着力构建人人有责、人人尽责、人人享有的城市治理共同体，把好事做实，把实事办好，进一步推动政务服务改革，全面提升服务软实力，听民意、破难题、暖人心、减负担，真正把服务落实到群众心坎。

图3 "流动的行政服务中心"设立的服务点

（二）项目发展

> 西湖景区行政服务中心X科长表示："这项活动需要长时间的品牌塑造，今年也是推行的第一年，景区公众对活动都不太了解，因此在开展的过程中我们也势必会遇到很多困难。"（2021年9月28日）

由于"流动的行政服务中心"尚处于起步阶段，缺少完善且科学的制度设计和成熟的活动方案，因此在实践过程中面临种种困难。

1. 人力成本高，可持续性不强

　　西湖景区行政服务中心X科长表示："负担是肯定有的，因为今年我们尽量保持一周一场的频率，每次活动都会安排在周五，派遣一些工作人员去各个村社、企业、景点跑动。"（2021年9月28日）

　　对于西湖景区行政服务中心的专职人员来说，尽管"流动的行政服务中心"主张吸纳各类志愿力量参与，但在初始阶段，活动的操办主体以及提供服务的主要力量仍然以单位工作人员为主，而这恰恰引发了此类项目的"生存危机"。具体而言，如果政府相关部门想要持续并广泛地开展此类活动，就必须有充足的资金、人力和物力支持，这对于政府相关部门资源协调分配而言是一个很大的考验，行政机关工作人员一方面要完成自身的常规工作，另一方面要腾出时间和精力参与一些非常规的服务和活动，很容易造成政府有限资源的零和博弈，行政效率的提高也有待商榷。

2. 流动性强，不稳定因素多

　　对于服务对象来说，不同地点的群众对此类活动的接受程度不同，有时会"空摊"，有时又会"摊位爆满"，很可能出现服务人员人手不足、群众排队等候时间延长的情形。受设备限制，部分办理事项无法当场解决，仍旧需要被工作人员带回行政中心办事大厅处理。此外，由于活动宣传方式简单、力度不足以及活动固有的流动性，不少居民表示自己错过了"摆摊"时间，也无法保证下一轮能够顺利参与。

（三）项目实践成效

1. 提供均等化服务，弥合特殊群体缝隙

　　在当前数字化、智能化与人口老龄化并行的阶段，老年人的学习接受能力往往赶不上数字技术发展的速度，逐渐成为被数字边缘化的群体。还有部分特殊群体，受限于行动不便、交流不畅、信息不全，同样无法享受便利的政务服务。在倡导和实践共同富裕的新时代，必须让所有群体共享数字化改革红利。

　　"流动的行政服务中心"在推行"网上办""掌上办"政务服务的基础上，筛选政务服务增益环节，剔除政务服务损益环节，以群众需求为导向，事先了解村社中老年人、残疾人等特殊群体的实际情况，力求让服务覆盖辖区所有群众，实现"一个都不能少"；简化技术操作程序，运用语言交流、图画表述等表达方式，避免线上操作障碍；创新"代办帮办""操作指导"等服务方式，降低线上操作难度，进一步针对特殊群体切实关注的利益问题，推出人性化、有温度的服务，帮助无法运用电子设备自主办理业务的群体跨越"数字鸿沟"。

2. 创新线下服务方式，弥合供给形式缝隙

在进行多轮次的行政审批制度改革以及浙江省"最多跑一次"创新举措后，目前从中央到基层已基本形成了"窗口式"受理、"柜台式"交件、"一条龙"的行政审批办理方式和"一条街""一栋楼""一站式"的集中审批服务形态，不断推进的电子政务服务和以此为基础发展起来的"互联网+政务服务"提高了政务办事效率。但公共服务供给仍属于"被动服务"，即等待公共服务需求者"找上门来"，然后公共服务供给部门有针对性地提供不同的公共服务。当前，不论是线上的政务服务平台还是线下固定的行政窗口，都不能充分满足人民群众日益多样化的需求，而"流动的行政服务中心"推动公共政务服务"流动"起来，能够克服原有公共服务供给模式的弊端，创新服务方式，补充服务供给，调整公共服务规模。"流动的行政服务中心"根据一个地区需求者的人数、年龄、民族等有针对性地提供公共服务，能够及时快速地了解公众的真实需求，灵活调整特定时期或者特定区域的公共服务内容和方式。从操作过程来看，公共服务供给者走到有公共需求的公众中来，是一种主动服务，也很好地适应了西湖景区村社分散、出行难度高的特点。

3. 引入社会多元力量，弥合社会参与缝隙

为提升服务效率和质量，"流动的行政服务中心"广泛吸纳各行各业人才，凝聚社会资源，弥合了政府与社会资源之间的缝隙，为项目的可持续性提供了支持和保证。除本部门的专职人员外，西湖景区行政服务中心为项目组建了党（团）员志愿者队伍，充分代表着党（团）"为人民服务""为群众办实事"的责任意识与担当；与杭州银行等进行业务合作，为群众提供便捷的专业服务，充分利用现有社会人力、物力等资源。

4. 营造服务氛围，弥合文化环境缝隙

除了优化组织运行和管理结构外，还要培养无缝隙管理文化，只有软硬两手抓，才能最大限度地发挥"互联网+政务服务"优势。因此，应该认识到文化氛围在推进政务服务改革过程中具有的积极意义，塑造无缝隙的政务服务文化，把这种文化重塑作为政务服务转变过程中强有力的工具，讲好数字化时代政府时刻围绕人民、服务人民的"店小二"故事，在全社会营造"掌上办""网上办"的良好风气，让人民群众从内心认可网上办事、认可政府行为，感受到互联网政务的便利性。

三、项目困境与反思

(一) 项目困境

1. 流动性的弊端显现

"流动的行政服务中心"项目以其流动性和灵活性,创新了服务供给方式,赢得了社会各界的一致好评,但任何事物都具有两面性,流动性所固有的弊端也在项目执行的过程中逐渐显现。该项目受诸多不确定性因素的影响,通常无法达到稳定的服务效果,一旦前期预告宣传不充分,则很可能导致公众与政府之间信息不对称。同时,服务的时效性较短,倘若群众由于各种原因错过了"流动的行政服务中心"的"摆摊"时间,就无法享受该服务,服务摊位也会随之流动到下一个地点。在这个过程中,必定会使得部分公众的利益诉求无法得到满足。

2. 供需匹配精准化不足

西湖景区行政服务中心目前主要依据综合自助机中的高频事项及服务需求方预约情况确定目标群体需求,缺少更为科学、严谨的需求定位方式和手段,服务供给和实际需求仍存在较大偏差,导致目标群体兴趣不足、参与度不高,可能使得服务的形式大于实质。

3. 社会参与力度不足

调研小组成员通过实地观察及访谈得知,百场"流动的行政服务中心"工作人员绝大多数是西湖景区行政服务中心工作人员,其中多为工作负担较重的基层公务人员,而一周一次的高频服务更是为基层服务人员"增压""增负",可能降低其服务质量和积极性。同时,政府相关部门对公共服务的垄断性供给缺乏监督、竞争机制,容易出现"踢皮球"、敷衍了事、推诿拖延等现象。

由于服务对象的需求多样、行政服务相对专业性较强,活动开展具体时间、地点不固定等,活动开展后难以吸纳更多社会力量,相关行业业务人员只占服务供给人员的一小部分,且未能与高校志愿者建立合作关系,缺乏有效、长期凝聚社会力量的管理机制,这对项目的可持续性造成了不良的影响。

4. 缺少评估反馈机制

由于服务面向群体的多样性和服务需求的多层次,每一场"流动的行政服务中心"

活动所开展的服务内容大不相同,因此难以建立科学的评估反馈机制。在服务过程中缺少监督者,没有建立科学的工作评价机制,无法量化服务时间、处理结果、群众满意度等工作指标。这一方面可能会导致工作人员产生懈怠思想,降低服务效率,违背政务服务宗旨;另一方面,评价机制可以进一步影响激励机制的建立,缺失激励不利于保持工作人员的积极性。同时,现有反馈大多来自参与活动群众的口头反馈,缺乏反馈群众满意度的全方位标准化的评价机制。单方面的服务输出导致群众参与度较低、互动性不强,不利于"流动的行政服务中心"的改进与发展。

(二)对当前政务服务问题的思考

1. 服务对象中的特殊群体缝隙

在数字化改革背景下,西湖景区行政服务中心也同其他单位部门一样,为完成上级下达的政策目标,改革行政审批制度,加强政务服务网络平台的建设,将单位职能、事务服务移至网上,大力推行政务服务"掌上办""网上办"。然而,当前数字政务平台往往都具有这样的通病和痛点——缺少"用户思维",所提供的服务差异性不强、包容度低,甚至存在隐性强制的问题。

随着社会人口结构复杂化,群众的需求也呈现多层次特征。此类政务服务平台,如"浙里办""杭州城市大脑""亲情在线"所惠及的群体基本是拥有智能手机设备、具备一定学习能力且智力健全的人群。诚然,任何政策都无法使得所有人满意,公共服务只能满足一个地区甚至一个国家大多数人的需求。然而,在经济社会进入高质量发展的今天,我们必须追求公共服务总量的增长、质量的提升以及均衡性、普惠性的提高。老年人、残障人士、知识水平低下的人等数字化弱势群体是公共服务的盲区和死角,当前政务服务的供给应该考虑到这些特殊群体的需求。

2. 服务供给中的供给形式缝隙

在进行多轮次行政审批制度改革以及浙江省"最多跑一次"创新举措后,目前从中央到基层已基本形成了"窗口式"受理、"柜台式"交件、"一条龙"的行政审批办理方式和"一条街""一栋楼""一站式"的集中审批服务形态,此阶段的"服务再造"极大地方便了群众,提高了政务办事效率。不断推进的电子政务服务和以此为基础发展起来的"互联网+政务服务"也为政府相关部门赢得了公众的广泛赞誉。

然而,尽管当前政府各部门的服务态度和行政审批效率已得到极大的改善,但不可否认的是,绝大多数部门仍维持"坐等"状态,等待公众自行上门办事。对于西湖景区来说，由于社区分散、居民人口密度较低、出行成本较高等，行政服务中心的辐射范围受到较大的限制，因此，来到行政服务中心进行问题咨询的只是小部分群体，背后存在大量"沉默"的公众。面对"正经威严"的政府部门，这些"沉默"的公众不会来、不愿来，也可能不敢来，倘若一直局限于固有的工作范畴，采用"线上办事＋固定窗口受理"的服务模式，忽视这些隐性的公众，那么将无法真正落实"为群众办实事"的理念。

3. 服务主体中的社会参与缝隙

一直以来，政府相关部门提供的公共服务是基础性和托底保障性的，在服务的供给过程中很可能会出现部分服务缺失的现象，难以满足多元化的公众需求。在固有的观念以及现实情况中，政务服务的供给主体是政府，因此社会组织、企业、个人在介入公共领域时便存在"玻璃门"（看似开放实则存在隐性障碍）和"弹簧门"（刚涉足某一领域或办事到一半被硬性政策弹出或退回）现象。然而，在市场经济的大背景下，政府相关部门在提供服务时也要讲求效率与公平并重，因此提高公共服务的协作水平就显得十分重要。倘若多元主体能够相互配合，依托自身优势为公众提供多样化、层次化的服务，就会显著提高政府相关部门管理的质量、效率、创造力和活力，从而提高政府相关部门的绩效和公共服务的品质，使政府相关部门成为效率导向、永续革新的公共组织。

4. 服务改革中的文化环境缝隙

尚虎平和韩清颖在《我国"无缝隙政府"建设的成就与未来——以无缝隙政府工具为标准的评估》一文中提到，我国当前行政改革在政府文化塑造方面存在一些问题，即目前我国行政改革仍停留在对组织形式再造和组织流程再造两种工具的使用上，而对政府文化塑造、外部无缝隙政府构建重视不够。①

数字化时代革新的不仅仅是政府相关部门的管理方式和服务方式，更是新型的、特有的"互联网"思维以及文化。数字政务的出现本质上是为了降低公众来政府相关部门办事的成本，提高政府相关部门的工作和管理效率。若在历次政务服务的改革和创新中只是单方面地进行组织上的变革，而忽视了对文化环境的塑造，缺少对"以人为本""服务为民"的理念的宣传，便无法使得改革真正深入民心。为了推动政府改革的软着陆，打通"掌上办""网上办"的堵塞末梢，必须加强对服务文化的打造，潜移默化地让所有民众感受到新型办事方式的便捷。

---

① 尚虎平，韩清颖.我国"无缝隙政府"建设的成就与未来——以无缝隙政府工具为标准的评估[J].中国行政管理，2014（9）：75-80.

四、优化建议

（一）完善"流动+驻点"的活动形式

"流动"的赋能使得政务服务更加灵活、便捷、透明，然而这种模式也有一定的弊端，即"摆摊"的服务形式极度依靠赖前期的宣传，同时受到很多不确定因素的干扰，因此，必须对其进行补充和完善，在"流动"的基础上增加"驻点"的形式，设立靠近社区、企业、景区的便民"驻点"，将活动的时间和地点"概念化"。倘若部分群众错过了"流动"政务服务的时间节点，仍旧可以寻求"驻点"服务，从而增强活动的稳定性，提高服务效率，扩大服务范围，优化服务质量。

（二）依托数字技术，科学定位需求

当前，"流动的行政服务中心"通过询问和书面传达的方式进行服务需求和供给的对接，然而这种方式过于简单和粗糙，无法从较为宏观的视角精准科学地匹配供需。政府相关部门可以依托政务大数据舆情技术快速发现并定位公共服务需求，借助舆情分析平台获取网络文本数据分析公共服务需求，或者依据各地区、各部门群众办事事项的频率进行判断。此外，还可以依托大数据技术帮助城市流动公共服务提供主体快速分析服务路径、寻到最高效的服务路线。

（三）业务授权外包，搭建志愿者人力库

为了保持灵活流动性、长期稳定性、服务多样性，"流动的行政服务中心"在发挥政府主导作用的同时，应与社会进行更多的合作与沟通，组织社会主体以多种形式参与公共服务。可以由政府授权企业或社会组织进行外包，引入市场竞争机制，这一方面可以减轻政府相关部门工作人员的压力，另一方面可以提高服务供给的效率和可持续性。此外，还可以建立常态化的志愿者人力库，充分发挥各行业、各年龄志愿者服务优势，对志愿者进行不同领域的培训，从而提供多层次、高质量的政务服务。

（四）优化监督体系，落实满意度评价机制

服务监督体系和评价机制的建立对于提升政府绩效和服务质量具有重要的意义，也是改进服务手段和服务供给方式的动力和依据。优化服务过程中的监督体系，能够将权力暴露在阳光下，通过群众、媒体、上级政府、专家等多方协同监督，克服官僚主义、

形式主义，保持"流动的行政服务中心"为民服务的初心，助力其提高服务效率和服务质量。服务结束后，结合目标群体实际情况，采用现场询问、电话访谈、问卷调查等方式落实满意度评价反馈机制，从目标群体的角度科学、真实地反映政务服务的优势和不足，通过定量及定性分析，为改进服务供给手段、提升服务供给水平提供科学依据和准确导向。

案例点评

西湖景区行政服务中心以"最多跑一次"改革为引擎，以党建为引领，以数字化改革背景为抓手，创造性地推出百场"流动的行政服务中心"特色品牌项目。该项目以群众需求为导向，对数字弱势群体实行帮扶，将政务服务送到群众家门口，面向广大群众提供政务服务、公共服务及旅游咨询服务。该项目旨在创新性地解决群众与公共部门"最后一公里"难题，切实让群众感受到行政改革成果。"流动的行政服务中心"项目让政府相关部门工作人员有更多的机会深入基层，与群众面对面进行"零距离"交流，弥合了当前政务服务的多重缝隙。

数字化赋能帮助政务服务提质增效，不仅改善了群众办事难的局面，还大大提高了政府相关部门内部管理的效率。然而，现阶段的政务服务改造并非已经抵达终点，经济社会的环境在不断变化，时代不断给出新的命题和要求，在倡导共同富裕的今天，如何让所有群体共享发展红利、感受数量更多质量更优的均等性服务，是有关部门必须关注的问题。当然，这也并非仅仅是政府相关部门的担子，社会全体人员都要凝聚力量、共创美好。

（点评人：张晖 副教授）

社区治理数字化转型的路径探索
——以杭州市为例[①]

一、案例背景

社区是社会的基本单元，社区治理是社会治理的基础工程，也是国家治理的基础工程，而社区治理当下最主要的工作是完善社区服务，寓治理于服务之中。2020年3月31日，习近平总书记在考察杭州城市大脑运营指挥中心时指出，通过大数据、云计算、人工智能等手段推进城市治理现代化，大城市也可以变得更"聪明"。从信息化到智能化再到智慧化，是建设智慧城市的必由之路，前景广阔。随着科学技术的发展，尤其是计算机技术、网络技术、多媒体技术、传感技术、控制技术和智能技术的发展，人类进入了信息时代。信息时代的标志是Internet（国际互联网）的建立。Internet将世界各地紧密地联系在一起，社区治理更应该走数字化治理之路。美国学者罗伯特·登哈特提出的"服务于公民、追求公共利益、重视公民权利"等新公共服务理论也是社区治理数字化建设应该秉持的宗旨。致力于打造"全国数字治理第一城"的杭州，已将大数据、信息技术与智慧治理融入了城市发展底色。作为数字应用与治理创新的佼佼者，重构治理逻辑、动态展现治理全景的瑰丽想象正在杭州徐徐展开。

杭州市深入贯彻落实习近平总书记重要指示，加速推进基层治理数字化转型，加速推进杭州城市社区治理实现从经验判断型向数据分析型的转变，社区服务实现从被动应对向主动提供的转变。杭州基层治理数字化的转型，转的不仅是手段，更是理念；提的不仅是速度，更是效能。但在杭州市数字化转型快速发展的背后，也存在一定的困境与制约因素。第一，社区治理总体水平较低，严重制约数字化转型；第二，数字化时代带来的一些挑战制约了基层社区数字化治理转型，其中包括社会治理能力跟不上大数据时代节奏与社区治理大数据人才匮乏两大问题。本次课题便以杭州市为例，探索基层社区数字化治理转型的发展现状和制约机制。

[①] 案例编写：郑羽惠、卢依泠、南程浩、元逸文、朱洁、赵静宁。案例编辑：张鹏。

二、案例内容

（一）具体做法

1. 构建信息交流平台，实现信息公开透明

基层社区数字化治理转型必须做到信息公开透明。在信息交流平台，实现信息共享、公开透明，各利益主体政府、社工、社区、社会组织、公民等共同参与治理和监督。同时，通过监控保留证据，有效减少管理冲突和争议。对于执法人员而言，从接收执法信息到现场整治都要在监控下进行，完全暴露在阳光下，全程接受群众监督，执法过程留痕有序，使整治行为更加公开透明。

这里以小河街道"城市眼·云共治"为例，介绍社区治理信息交流平台的运行逻辑：首先，城市眼通过全天候AI识别，及时抓拍违规信息；之后，违规信息通过专门的数字治理平台推送给网格执法工作人员，再由网格员将该信息转发到各社区或行业的云共治微信群对违规人员或商家进行提醒。社区提醒违规人员或商家自行整改。若其未进行及时整改，则由社区介入；若仍无整改，则由行政执法力量对违规人员或商家进行处置。云共治微信群中的监督主体包括城管、网格员、社会组织、公民等利益主体，所有信息通过违规照片实现了公开透明。

城市眼的运用，让每项违规行为都在多方主体监督的基础上通过后台大数据的精准分析而不是人为的主观判断实现即时判定。同样，余杭区仓前街道将社会治理数据汇集至社会治理综合服务中心，形成社会治理的"数据池塘"，最大限度地释放了社会治理"数据—信息—知识—决策"的智慧链功效。

2. 抓住现实需求痛点，满足多方利益诉求

数字治理需要将新手段和新目标相结合，从而实现更大的进步。数字治理也强调探寻着力点，吸纳多方群体共同参与并推动社区治理实现数字化转型。当前，政府和社区工作人员、商家、居民三者之间仍存在矛盾，基层社区数字化治理转型要以抓住多方主体的需求痛点为出发点，坚持以数字赋能城市治理，不断提升新型智慧城市的治理能力，让成果更加惠企利民。

以江干区四季青街道为例，该区数据资源局相关负责人介绍，通过建设城市大脑便捷泊车"先离场后付费"场景，长期呈"东疏西密"状态的杭州东站释放了631个泊位。该场景通过交通疏导、划定网约车专用泊位等方式对社会车辆进行分流，东西两侧停车数量比例从过去的3∶7变成现在的5∶5，东西泊位空间资源得以均匀释放。减少

了兜圈子找车位和排队付费的时间后，杭州东站的免费停车比例从40%提高到约60%，相当于每年让560万人免费在杭州东站停了车。在余杭区仓前街道，辖区内已经由点到面形成了全域覆盖、责任到边的"网事警情"联动治理组织体系，即一方受理、多方联动，构建闭环机制。数据显示，截至2020年9月15日，"网事警情"联动处置案件13978件，处置化解率达89%；企业园区劳资纠纷案件下降10%，处置化解率达87%；人民群众满意率为99%。"网事警情"联动治理组织体系抓住了现实各方需求痛点，满足了多方利益诉求。①

3. 发挥数字技术力量，降低社区治理成本

社区治理可以通过运用高科技手段替代之前的部分工作，有效降低人力劳动成本。数字治理是大数据时代打造共建共治共享社会治理格局、推进社区治理现代化的重要保障，为各级政府提供了新的治理方案。基于大数据技术和一体化平台支撑、面向复杂场景和一体化应用需求的数字化治理模式，运用大数据、云计算、区块链等前沿技术，打破壁垒，实现数据共享，不断提升城市治理现代化水平，并降低了城市治理成本。

以新冠疫情防控时期"健康码"的诞生地余杭区为例，2020年1月27日到2月2日，余杭区每天新增确诊病例3例以上，一度成为杭州疫情最严重的地方。2月3日，余杭区升级管控措施，全区设置卡口1487个，需要56000多名党员干部24小时坚守岗位。②一边是巨大的防控压力，一边是海量的人员信息，余杭区推出了"健康码"，用大数据破题，大大提升了管控效率。再以下城区东新街道为例，下城区住房和城市建设局调研员表示，科技手段不仅提升了建设项目软、硬件实力，也提高了施工现场管理效率和安全风险的可控性。通过现场实时采集信息，后台进行汇总，企业、主管部门和项目工地能够同时获取信息，关注安全隐患的现状，尽快消除安全隐患。

4. 精细化管理精准定位，提供有力经济支撑

精细化管理是当今社会社区治理的发展方向和目标，在一定程度上反映了社区的文明进步程度。从目前的发展进程来看，传统的社区治理模式已经难以适应数字化发展的要求。政府相关部门应改变传统的单一主体管理方式和只采用经济手段、行政手段干预社区的管理方式，由粗放式的管理方法转变为制度化、精细化、数字化的社区治理模

---

① 浙江日报.搭建数字场景破难题 余杭区仓前街道探索未来治理新模式[EB/OL].（2020-09-15）[2024-02-01].http: //zjrb.zjol.com.cn/html/2020-09/15/content_3366469.htm？div=-1.

② 新蓝网.在磨难中成长 从磨难中奋起：余杭——数字经济"第一区"的基层治理大考[EB/OL].（2020-03-10）[2024-02-01].http: //n.cztv.com/news/13428110.html.

式。社区利用现代高科技的管理模式和管理理念对社区进行集中化、精细化治理，在细化管理内容、量化管理对象、规范管理行为、优化管理体系、创新管理方式上下功夫。

上城区湖滨街道东坡路社区将房屋信息纳入统一的数据库，通过大数据分析，重点关注独居老人的日常状况，一旦有突发情况，城市大脑"数字驾驶舱"就会指示网格员迅速上门提供精准服务；滨江区长河街道运用"网格＋"高效精细化社会事务管理，以网格为基础，新建"社区—网格—楼道"三级网络微信群，扎实推进"智慧促和"工程，充分运用互联网、大数据、人工智能、微信等信息技术手段，为经济社会发展提供有力支撑。

5. 开拓创新治理领域，构建多元服务体系

随着时代的发展，推进社会治理领域多元化成为新时代社会治理的必然要求。只有找好切入点、运用好结合点、把握好着力点，才能抓住重点，进行有效治理，从而推动实现社区治理领域的多元化。基层社区数字化治理转型已从管理领域逐步推广到服务领域，智能停车系统、人脸识别技术系统、智慧垃圾分类系统等依托大数据技术和一体化平台构建的多层次多元化的社区治理服务供给体系，为社区居民提供了更加方便、快捷、优质、高效的公共服务，使公众的社区参与感大幅提升。

萧山区宁围街道实施社区"微治理"，通过"微单元"自治，结合智慧系统，充分发挥小区自治和自我管理能力，结合楼栋、人员图层分析，推进停车位改造、雨污分流等小区治理工作，提升社区整体建设水平。西湖区古荡街道古墩社区开发了社区卫生服务中心线上互联网诊疗服务，通过线上互动方式实现复诊。同时，家庭医生根据签约居民在线填写的基本信息以及线上问诊的情况，为居民开具相应处方，在居民支付成功后，指定医药公司负责将药物配送上门。

6. 合理调配适应时代要求，统筹各方力量形成共治局面

基层社区数字化治理转型适应了时代发展趋势。现阶段社区治理的关键在于统筹各方力量形成共治，从而使得治理工作能够连贯、顺畅地进行。政府相关部门应建立健全社区协同治理机制，加大对基层放权赋能的力度，使得治理主体从单一向多元转变，凭借"一码多址"实现多部门地址的关联映射、机制协同，从而提高社区治理智能化水平，开拓"线上线下相结合、人人都是监督员"的自治模式。相较于传统的政府管理模式，新型社会协同治理模式可以有效地减少不必要的程序，形成最短闭环，这有助于合理调配资源，减少人力成本和管理的冲突。

下城区潮鸣街道小天竺社区推出了区县级的城市大脑平台和街道级的"数字驾驶

舱"。"数字驾驶舱"通过"社区微脑"建设,进一步推动了"智慧下城"的建设。社区、执法大队、工商部门、网格员、商家、居民等多方主体共同参与治理,社区内出现的任何问题都会通过"社区微脑"及时汇总到社区网格员处,再由网格员通知商家或居民自行调整,社区督促整改,使得反应速度和处置效率变得更快,实现了"指哪打哪"、精密智控,从而及时高效地解决问题。

(二)作用效果

1. 数字赋能,简化工作流程

"城市眼·云共治"治理模式充分利用现有的城市监控探头资源,运用全球领先的AI行为识别技术,形成有效识别、分析研判、协商共治的闭环体系,使得基层治理更加精准、高效和便捷。

首先,城市眼整合公安、城管、综合治理和社会面监控探头,让监控探头成为24小时不间断工作、实时发现和记录各类问题的"城市眼睛",发现问题并固定事件证据,再运用AI行为识别技术,对问题进行有效识别,并通过"城市眼·云共治"App推送给网格员,再转至各个"云共治""微网格"公开告知,之后根据实际情况分三步处置,即自行整改、社区监督整改和执法保障。除此之外,数据还可以进一步精准监测出店经营、垃圾堆积、沿街晾晒等公共管理问题,并通过数据分析解决独居老人服务、孝心车位、智慧养老等公共服务问题。此外,"城市眼·云共治"平台可以打通政府管理与民意民声数据,构建科技支撑与民主协商相融合、线上与线下相匹配的治理机制。

2. 集智建言,解决民生难题

以小河街道为例,该街道坚持"党建引领、多元协商、群智共建"的工作思路,充分发挥统一战线人才荟萃、智力密集的优势,创设"红茶议事会"机制,促使统战成员、社区干部、居民群众三方协同,以"泡好红茶、进邻里门、访邻里情、议邻里事、解邻里难、结邻里亲"的方式,共商共议,在最短的时间内解决百姓家门口的关键"小事",夯实小区治理基底。议事内容涵盖小区停车、绿化提升、城市管理等民生热点,广泛邀请居民参与。截至2020年11月,小河街道已召开线上线下专题"红茶议事会"90余场次,涉及老旧小区改造提升、垃圾分类、"五水共治"、平安宣传等多个主题,参会人员2000余人次,共收集、采纳有价值的意见和建议近千条,成功破解小区治理难题300余项。①此外,小河街道纪工委还组建了监察联络员队伍,组成

---

① 浙江新闻客户端."红茶议事会"赋能"微治理" 拱墅小河街道三方协同常态长治[EB/OL].(2020-12-02)[2024-02-01].https://zj.zjol.com.cn/news.html?id=1574210.

"红茶议事会"监督保障组,对改造项目的设计施工、资金使用、质量保障等方面提出相关建议;依托2020年上线的"居民信箱",核实问题、反馈落实,推动监督实现有效覆盖。

3. 温暖治理,实现安民便民

数字与技术本身是冰冷的,但当它们嵌入社区柔性治理机制,发挥其宽心处置、暖心守护、细心服务的共同体功能时,便尽显温度。为实现暖心守护,"城市眼·云共治"平台抓住现实需求的难点和痛点,不断寻求模式的开拓与增加,这不仅是技术的进步,更体现了社区治理过程中对人民群众深层次的关切。以独居老人安全保障为例,随着独居老人数量和比例的上升,其安全问题成为社区工作的一大重点,但如何落实始终是一大难题。"城市眼·云共治"为独居老人安全的监测带来了新方法。如小河街道成功实现326户独居老人家庭的电力数据与"城市眼·云共治"系统的对接,如果发现水电数据异常等情况,社区工作者会及时、精准地上门排查,从而有效保证独居老人安全。此外,通过将"城市眼·云共治"1.0系统场景运用与"爱心理"线下团队结合,实现"线上+线下""网上+网格",为社区家庭提供心理辅导、心理危机干预等服务。社工与家庭建立"一对一"观察沟通关系,线上联系提醒,线下援助服务,强化对特殊群体的关心与关爱。

(三)存在的问题

1. 装备支持不足,技术有待提高

数字技术和装备是数字治理的前提和基础。数字技术的运用需要耗费大量物力财力,地方政府在数字治理基础设施建设上的投入需要强大的经济实力作后盾。而杭州市大部分正在进行数字化转型的社区皆因缺乏资金而无法完成数字化设备的安装与升级,使得社区治理数字化停滞不前。

同时,杭州市虽走在全国数字治理的前端,但数字技术水平仍有待提高。调研中,据杭州基层社区数字化治理转型的标杆——小河街道中多个社区的工作人员介绍,目前正在使用的数字化平台"城市眼·云共治"常常会出现系统误判,造成错报情况。如在沿街商铺违规出摊治理中,监控探头检测到某商铺门口一辆经过的电瓶车后座上有篮筐,系统即识别该商铺为出店经营,且系统不会自动结案,需要社区工作人员进行手动结案,上传为错报情况或前往地点查看实情后点击结案,这给社区工作人员增加了一定的负担。

2. 数据平台过多，缺乏数据协同

近年来，各级政府积极推进简政放权，职能部门将行政工作权力下放到社区。在将数字技术运用到基层社区治理过程中，也产生了一系列问题。调研中，不少社区干部反映各职能部门的App、信息报送平台过多，各个职能部门都想创新，都在研发自己的App和信息报送平台，所有App和信息报送平台合在一起，竟有四五十个之多，给基层社区干部增加了新的负担。

与此同时，数据采集系统没有实现互联互通、信息共享。具体表现为横向上，各部门相互独立、各司其职，缺乏有效交流；纵向上，基础信息没有实现双向共享，协调程度低下。社区工作人员需要使用职能部门的App和信息报送平台完成任务，却没有相应的权限查看所在社区与街道的相应信息。如杭州市萧山区宁围街道丰北村工作人员无权查看宁围街道各项信息。此外，由于各辖区、各部门在运用数字技术时局限于本辖区、本部门的利益，导致数据库重复建设严重，也给地方财政增加了新的负担。据杭州市下城区东新街道某社区干部介绍，杭州市"数字城管"平台与东新街道数字治理平台"城市大脑数字驾驶舱"存在大量数据重复，但必须在两个平台都进行数据上报，耗费了大量的人力、物力、财力，投入产出效益低。

3. 数字鸿沟障碍，居民约束不足

早在互联网产生之初，就有学者提出互联网可能带来新的政治不平等，互联网使用者更有可能是社会精英，而拥有互联网资源的人和没有互联网资源的人参与公共生活的能力差距巨大，这就是著名的"数字鸿沟"。数字治理成功离不开全体居民、商户的参与，但是一些年龄偏大的居民，由于受到视野、技术水平、学习能力等因素的限制，对线上治理的认知度不足，不会用或者不愿意用云共治治理平台，从而极大地影响他们参与线上治理的积极性，久而久之，就让数字治理成为年轻人的游戏。一条"数字鸿沟"横跨在不同年龄段的人群之间。并且，随着数字化的推进，线上的数字治理模式将成为最主要的形式，这可能导致平台收到的反馈越来越局限化。

其次，由于居民个人违规行为通过摄像头捕捉追责，并且目前缺乏相应的社区治理法律规范和硬性惩罚措施，因此社区工作人员只能通过宣传教育等软性手段加以规范，使得社区在居民心目中的权威性不足，其宣传也无法得到居民的积极响应与配合。因此，云共治规范指向对象更多的是商户，而对居民的个人行为缺乏有效的约束力。

4. 社区压力过大，社会协同不足

相较于传统的治理模式，数字治理对于社区工作人员的要求更高，社区任务更加繁重复杂,工作量和工作难度都呈倍数级增长。网格员只需通过平台收集信息,将信息传递给各部门及上级管理人员,并不需要提供解决方案或实际解决问题,这对于网格员来说工作压力不大,但基层管理人员如社区主任、书记面临着巨大的压力,他们不仅需要将收集到的信息传递给各部门,实现信息共享,协调联动治理,还要在各部门协商的基础上制定解决方案,解决实际问题,并且在实际执行过程中扮演监督者的角色,这对于基层管理人员适应社区治理数字化的综合素质和能力要求较高。

当前社区数字治理的社会化、市场化水平不足,非政府组织如物业、企业、社会组织等纳入平台管理难,非政府组织与政府社区的互利共赢平衡点还没有找到,社区市场化进程不理想。正是由于非政府组织在社区数字治理中缺位,社区治理任务不能得到合理分担,导致政府和社区工作压力过大。同时,社区数字化进程中缺少民众参与的监督机制和社会监督力量,社区建设效果不能得到真实评估,存在被边缘化的风险。

三、对策与建议

(一)因地制宜——破解数字化转型中的推进难题

随着现代科学技术的高速发展,以互联网、大数据、人工智能为代表的现代科技正深刻影响着人们的居住理念与生活方式,激发了人们对更便捷的生活、更高效的服务的需求,基层社区数字化治理转型是社会发展的必然趋势。然而,在数字化转型的推进过程中,存在许多不容忽视的问题。

首先,东西部地区经济实力相差较大。数字化转型需要投入大量的人力、物力和财力,一些地方政府在数字治理基础设施建设上的投入高达数百亿元甚至上千亿元,这也是发达地区基层社区数字化治理转型较快的原因,而欠发达地区如果盲目地追求数字化、照搬其他地方的经验,不仅会阻碍基层社区数字化治理转型,还可能会给地方政府造成严重的财政负担。其次,不同城市甚至同一城市的不同区域具有不同的特点。例如,一些地区老人、残疾人等弱势群体较多,在转型的过程中就要充分考虑居民的需求特点;而一些地区年轻人、学生等群体较多,则要更多地考虑居民的文化娱乐需求。因此,在推进基层社区数字化治理转型的过程中,要因地制宜,结合自身经济实力和发展特点,制定相应的转型方案。

(二)开放共享——打破基层社会治理的数字壁垒

政府在把部分行政权力下放给社区单位的同时,要求能够追踪整个权力执行过程,使得社区街道需要下载或使用各种App和信息报送平台,客观上加重了社区部门的负担,令其处理事务时应接不暇。同时,App内涉及的数据连接各个部门的工作,而部门彼此之间的数据库并未实现互联共享,导致相同的数据库被重复建设并下载,甚至进入"数据锦标赛"和"内卷化"的误区,耗费大量的人力、物力、财力。在数据共享的时代,各部门之间的数字壁垒严重影响了社区的数字化发展,从本质上来说,这也是由于各部门坚持"本位主义",缺乏开放共享的精神。

为了更好地发挥社会治理数据库的作用,我们要打破辖区、部门之间的数据壁垒,建设集中统一、操作简便的社会治理大数据平台,实现社会治理基础信息一体化采集,做到一表采集、一次录入、多口应用。同时,实现基础数据和专业数据的自动匹配,做到系统对接、数据共享,提高数据采集和使用的效率。

(三) 多元协同——跨越主体权力限制的治理鸿沟

随着我国民主政治的完善发展和移动互联网的广泛普及,数字技术使多元主体"共在"。在这一背景下,社会治理由政府单一主体向多元协同模式转型。数字技术可以整合公民、社会组织等社会力量参与社会治理,这不仅推进了民主协商,使社会治理权力关系由自上而下的单向传递转变为上下互动协商的过程,也在一定程度上优化了社会治理结构,使社会治理由传统的科层制权力结构向平权分散结构转型,让多元合作治理更有可能实现。

政府作为大局的"掌舵者"和治理环境的"监督者",整合协调资源,将权力适当下放。社区作为联结纽带,加强人员队伍建设,吸纳社会优秀力量以实现协同共治。企业通过引入竞争机制,优胜劣汰,助推技术升级,为数字治理提供有力的技术支撑。政府、社区、企业三方联动,共同助力基层社会治理转型。

(四) 降低门槛——缩小数字技术运用的"数字鸿沟"

在运用数字治理的时候,要充分考虑到"数字鸿沟"的问题,注重老年人、残疾人、知识水平较低的人等社会弱势群体的基本需求,让数字技术真正地满足各类群体的需求,使居民生活更加便捷舒适,而不是只为掌握数字技术的群体服务。在运用数字技术时,应设计使用便捷、操作简单、容易上手、页面布局清晰明了的交互平台,降低使用门槛,注重人性化治理模式,而不能简单地"一刀切",将一部分弱势群体拒之门外,造成"数字难民"窘境。

此外,还应提高基层从事社会治理的工作人员和社会弱势群体对数字技术手段的掌握能力和运用能力。政府相关部门可以通过社会公益组织如高校志愿力量向以老年人为主的社会弱势群体传授如何使用数字化设备。工作人员可以通过培训等方式与时俱进,学习并掌握现代信息科学技术，创新现有的工作机制和模式，在实际运用中熟练快速地掌握社区信息并进行处理，只有这样才能使数字治理平台真正发挥作用，而不是沦为可有可无的摆设，浪费宝贵的资源。

（五）情理相融——打造柔性的数字社区治理机制

技术具有两面性，我们既要看到技术的积极作用，也不能忽视其消极作用。例如，大数据加剧了社会的复杂性与不确定性，使传统的政府治理模式与网络结构社会的不一致性和矛盾越来越明显。推动治理现代化，就要走出"技术决定论"的思想误区，明白技术并不是万能的灵丹妙药，盲目的技术崇拜会让人们忽视社会治理的复杂性、多元性和冲突性，把社会治理的复杂劳动简化为技术替代，各种目标将难以实现。在社会治理过程中，数字技术是一种辅助手段，可以在一定程度上代替简单、重复的劳动，但不能取代人在社会治理中的主观能动性，也不能将社会治理数字化转型简单理解为全盘机器化，从而导致社会治理数字化变成冷冰冰的机器服务。

因此，运用数字技术更要体现人文关怀，做到以人为本，体现社会治理的"温度"。技术是中性的，但是其运用过程离不开权力的介入，任何技术运用背后都有一定的治理思维，体现了权力意志的作用。治理思维的僵化并不是技术手段能够解决的，关键是社会治理的管理者要解放思想，不断更新社会治理理念，并将这些思想贯穿于技术运用的全过程。

（六）法治保障——防范数字化治理过程中的潜在风险

当前，人类社会正由信息化向数字化演进，数字技术已成为社会快速发展的核心基础及创新原动力，而新技术的出现必然会带来新的安全挑战与风险。社区治理过程中对数字化的依赖越来越强，面对的安全性挑战也在不断增长，而相关法律法规的制定相对滞后，因此，如何在数字化治理过程中保障居民公共安全成为重要的问题。

在数字化治理过程中，要牢固树立整体国家安全观，将社会治理数据安全摆在重要位置。政府强化监管，制定法律法规，约束居民信息采集行为，对违法违规行为加大惩治力度；借助市场的力量，探索建立安全市场的第三方制衡机制；运用专业的信息安全技术力量，完善社区治理数据库的技术防护措施，筑牢数据安全的"防火墙"，为隐私保护树起坚实的屏障。社区内部要做好居民信息分类，根据社区治理数据的敏感程度，进行分级保护，将其设置为不同的共享公开权限，确保数据存储、使用、维护的安全性。总之，只有各方协同发力，才能构筑个人信息安全的立体防护网，防范数字化治理的潜在风险。

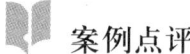 案例点评

　　社区是社会的基本单元,社区治理是社会治理的基础工程,也是国家治理的基础工程,而社区治理当下最主要的工作是完善社区服务,寓治理于服务之中。随着社会经济的快速发展,各种信息化技术和管理理论持续更新,我国许多城市也逐步依托数字化手段创新地方治理,通过广泛开展街道和社区层面的数字化管理试点工作,不断提高公共服务质量、推进基层社会治理的现代化。尤其是数字治理理论的出现,为各级政府提供了新的治理方案。基层社会治理必须把握大数据技术发展的契机,推动数字治理理论落地生根。杭州作为国内打造数字经济与数字政府的先行者,致力于引领时代步伐,加速打造"全国数字治理第一城"。杭州市多个街道和社区因地制宜地打造示范样板,凭借各具特色的治理模式和完善的综合信息平台,动员多方协同共治,让数据真正赋能日常治理,成为基层数字治理的名片,在探索社区治理数字化转型方面积累了宝贵的经验。在政府引导下,多方协同参与,以现实需求为导向有序推进信息平台建设和场景应用,探索治理服务精细化、现代化的实现路径,可为全国范围内的社区数字治理提供借鉴。

(点评人:王萍 研究员)

整体智治领航向，基层治理开新局
——以衢州市基层社会治理"一件事"为例[①]

一、案例背景

（一）痛点——群众"多头跑、跑断腿"

"农民建房审批中，以前难免存在人为设障情况。"柯城区万田乡时任工会主席解亚军说，"如申请建房户跟村干部关系不好，或某个环节相关人员责任心不强，一卡就是半年或一年的现象很常见，出现资料丢失时理由很多，有的甚至不了了之。"

衢州市柯城区万田乡顺家路边村党支部书记鲁刚耀坦言，以前农民建房审批要跑很多遍，"要找村里、找乡里（各种工作人员），可能跑多次都没找着办事的人"。

开化县杨林镇平川村党支部书记李先明当了多年的村干部，他对建房审批可以说是颇有感触。据他描述，农民申请建房，需要手写好几份表格，包括建房申请和审批表。填完表后上交村里、镇里、县里备案，各种身份证、户口本复印件也是必不可少的。在这之后，村级层面、行政部门层面依次进行现场勘察，之后，再提交镇里相关部门审批。镇里相关部门每年开两次建房审批会，审批通过后，相关材料交给国土、规划部门备案，这样才能拿到乡村建设规划许可证。

仅从字面上看，就会发现走完这样一套流程花费的时间与精力成本绝对不会少，这就与群众想要的高效相悖。欠薪问题也是如此，"长时间""不及时"等问题急需解决。

近三年来，根据"基层治理四平台""12345政务咨询投诉举报平台"等平台的数据分析，农民建房审批流程长、手续复杂、欠薪处置不及时等痛点问题已经对群众生活造成较为严重的影响。

（二）难点——问题"看得见、管不着"

"每天的午饭、晚饭时间以及节假日，人流量大增，个别车就停在路边或者路中间，

---

① 案例编写：何佳乐、顾溢芯、庄诗珩、程梦萍、丁可航、闻方可、石子弋。案例编辑：张凤娟。

严重影响通行。"衢州市公安局交警支队柯城大队副大队长兼城区中队长方云峰表示。机动车违停作为城市治理的顽疾在各项问题中尤为突出。仅柯城区在2020年就查处违停8.2万起，在府山街道辖区内，有商业街巷76条、开放式无物业老旧小区112个，老城区"停车难、行车难、处置慢"等问题尤为突出。"交警只管理主次干道或者有名字的道路，背街小巷、公共开放区域则出现管理真空，如果由街道社区出面管理，又面临没有执法权的尴尬。"方云峰说道。

以小见大，从机动车违停中可以发现条块信息共享不充分、部门职责不明确等问题对城区机动车违停管理、校外培训机构杂乱、瓶装燃气监管不到位等各行各业的监管工作具有较大的阻碍作用，高效协同、联动处置的行业监管体系急需建立。

（三）堵点——多元协同"提出易、落地难"

衢州市实验学校教育集团悦溪校区位于芙蓉路。据了解，因存在住宅小区入口与校门正对、早晚高峰时间重叠、地下停车场未有效使用等问题，芙蓉路交通拥堵现象严重，特别是上、放学期间，家长接送时将店铺道路用于调头往南行驶路线或随意停放车辆，由此造成商铺门前路面堵塞、现场秩序混乱，形成了一条"堵心路"。这一问题到底归属哪个部门管呢？教育、资规、交警、城投、区块、社区等均涉及此问题的管理，然而也正是因为该问题为多部门协同管理的"多跨事项"，各部门之间的信息交流协调不到位、推诿扯皮等弊端暴露无遗，"堵心路"这一问题也困扰了芙蓉路多年。

近年来，类似非法加油、道路安全隐患这类需要多部门协同解决的多跨事项已然成为堵点问题。部门、乡镇之间在信息的整合与交流上总是会存在乡镇权责不对称、部门信息交流壁垒等问题。信息交流不到位甚至是不交流，导致各部门信息融合度不够高，部门衔接不够顺畅，进而使基层各个部门之间的权责关系更为模糊，直接或者间接导致各部门相互推诿，甚至出现事务无人管理的现象，难以形成有效的多元协同治理局面。

二、案例内容

（一）党建引领——"一件事"集成改革

衢州市以党建统领为引领，以数字化改革为总牵引，以"一件事"集成改革为切入口，构建"县乡一体、条抓块统"的高效协同治理格局。

一是收集数据,总结民众关心的事件。对"12345"平台上各部门接收处理的事件进行数据统计,再结合各个部门的办案情况、信访投诉等,找出民众比较关注的事,同时关注各个街道反映的事项,集成联办清单。聚焦城镇管理、矛盾纠纷、综合执法、生态环境、市场监管、安全生产、治安隐患、自然灾害防治等基层社会治理领域,由政法委牵头统计,将跨部门、跨领域、跨层级县乡联办的监管、执法事项集成"一件事",结合高频、高权重、高需求事件编制"一件事"集成联办清单。

二是编制"一件事"运行流程(见图1),形成"上报—受理—交办—处置—反馈—评价"全周期管理闭环,按照事件类型、处置难易程度,实行分类分级处置,构建乡镇内和县乡间两个闭环处置模式,即大闭环和小闭环。小闭环由乡镇综合指挥室统一受理交办事项,相应功能模块负责具体处置,在乡镇街道层面自行解决事件,形成在乡镇内运行的小闭环,如城区机动车违停管理"一件事"。大闭环是乡镇层面将小闭环无法解决的事件提交给县级社会治理中心,由县级社会治理中心统一受理,牵头部门会同协同部门联动处置,形成县乡间运行大闭环。

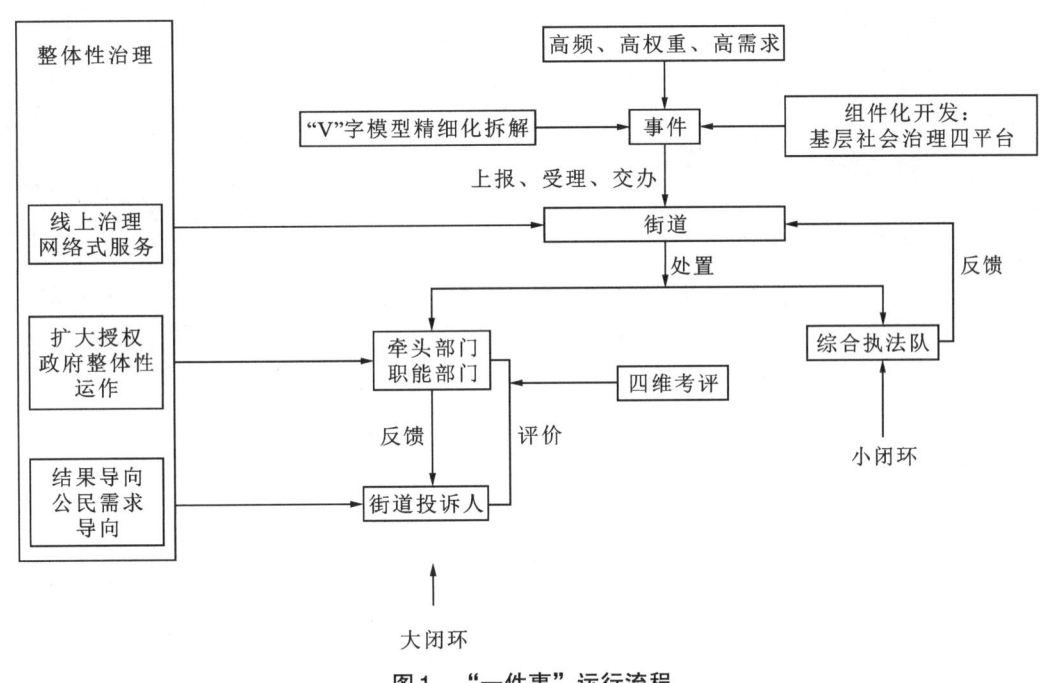

图1 "一件事"运行流程

三是厘清边界与责任。一方面,建立责任链条。厘清县乡权责界面,确定各个部门的职责边界,按照部门职责,对执行不到位的部门进行问责,避免由多个部门共同承担责任。另一方面,打通关键环节。由牵头部门统一负责事项受理、组织协调、联动处置和办结反馈,协同部门根据职责分工,依法依规进行办理和处置,每个部门明确将责任分配到人到岗。最初做"一件事"时,必须由牵头部门组织召开协调会,明确各部门的职责,与各部门进行沟通,但在线上运行时,牵头部门并不发挥作用,属于哪个部门的职责,就归到哪个部门去处置。只有当乡镇街道遇到没有办法解决的情况时,才由牵头部门进行职能部门之间的协调。

四是推进运行"线上化"。依托省市公共数据平台和城市数据大脑,打造市域统一的"一件事"大协同数字化平台,强化部门间数据共享、业务协同、流程再造,固化"一件事"办事流程、业务模块、协同机制等,推动"一件事"全流程线上运行。"失信被执行人联合惩戒"多跨协同应用如图2所示。

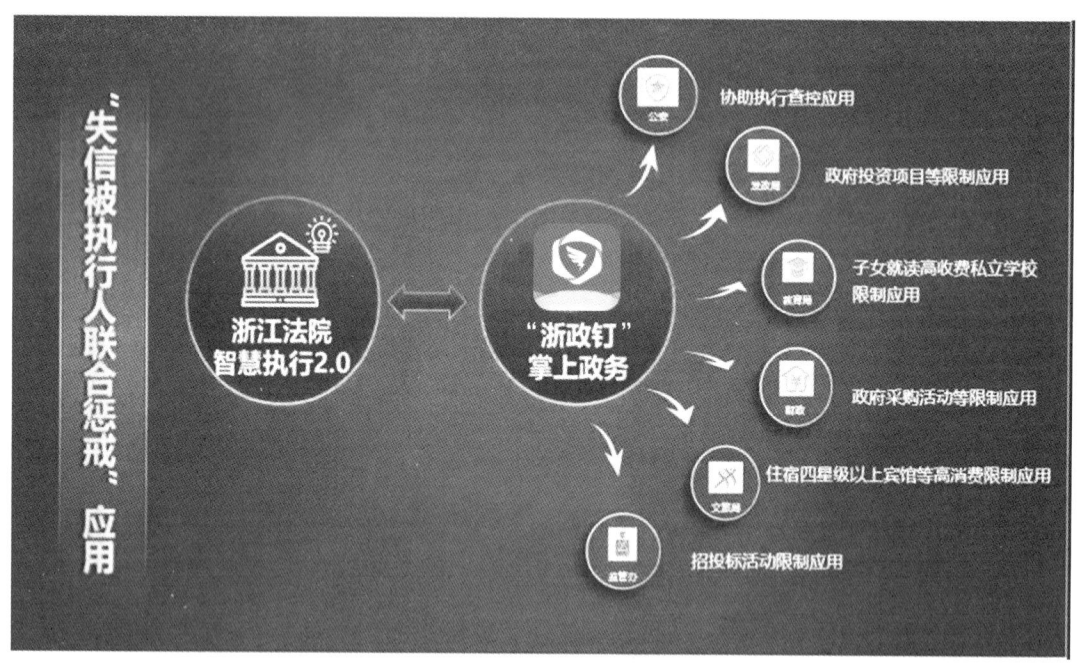

图2 "失信被执行人联合惩戒"多跨协同应用

(二)以小见大——荷花街道噪声治理"一件事"

"荷一路上有家烧烤店每天营业到很晚,凌晨还有人在喝酒划拳,既不利于居民休息,也不利于美丽城镇建设。"有居民如此反映。收到此消息后,网格员立即将此事上报至综合信息指挥室。当晚,噪声情况就得到了改善。

2021年3月底,荷花街道成为衢州市噪声治理"一件事"改革试点地区,街道依托"县乡一体、条抓块统"思路建立网格联勤队伍,将各个执法部门的执法人员下沉至社区网格,在街道综合信息指挥室指挥下,构建"1+1+3+X"的网格联动执法队伍。街道综合信息指挥室接到群众反映后,将噪声相关事件流转至治理执法模块,治理执法模块安排网格联勤队伍到现场进行劝导告诫,并发放责令整改通知书。

针对噪声问题易反复、易反弹的特征，荷花街道形成事前介入、事中处置、事后监管机制。网格联勤队伍或相关部门接到有关建筑工地夜间施工证明或娱乐场所噪声扰民反馈时，及时通过"邻礼通"和业主微信群进行宣传告知，现场查看并提醒告知业主单位减噪降噪，通过事前介入，最大限度地减少噪声扰民现象。

同时，依托网格化管理，建立噪声污染易发场所信息数据库，对辖区内娱乐场所、商业经营单位等噪声易发场所进行动态监管，确保联合执法落地见效。事后建立沟通评价制度，网格联勤队伍、街道及职能部门及时沟通，将网格联勤队伍纳入四维考评，形成工作闭环。

噪声治理"一件事"运行流程如图3所示。

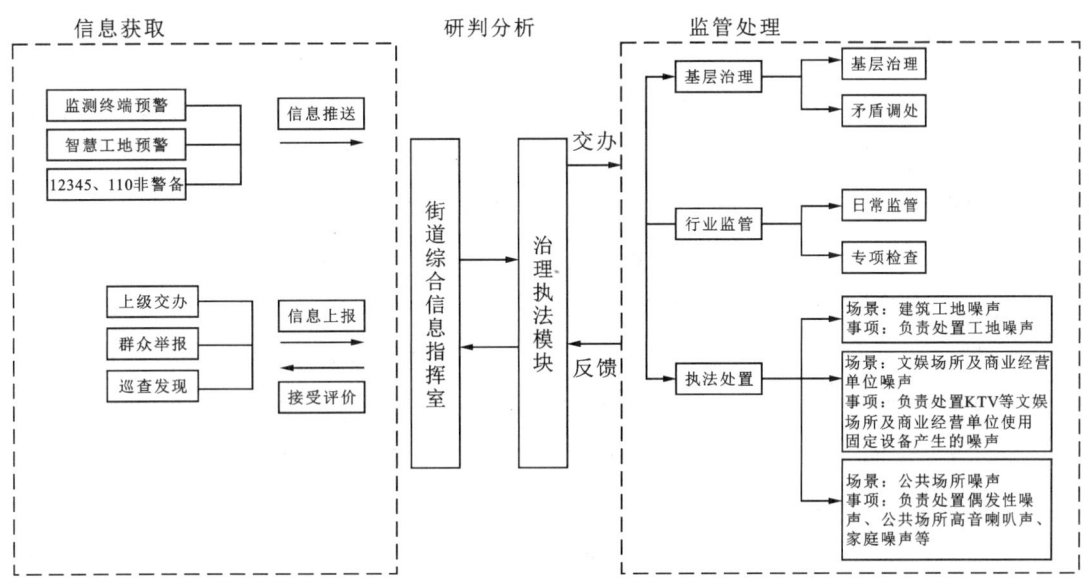

图3 噪声治理"一件事"运行流程

（三）改革进程："一件事"晓民意

1. 上报：网格融入拓民情

"一件事"改革巧妙地与网格管理相结合，将事件上报融入网格员的日常管理工作，有效地推动了改革的深入发展。遇到问题时，居民不仅可以通过"邻礼通""浙政钉"等小程序自主上报，还可以直接将问题反映给网格员，由网格员统一进行上报处理。街道社区的网格员属于"一件事"处置流程中最接地气的角色，网格员和网格内的居民关系密切，他们每天都会在自己的网格里"巡逻"，如果居民有需求，可以直接联系网格员。网格员拍摄现场照片、描述问题、定点定位，最后通过"浙政钉"小程序上报事件，之后，由街道综合信息指挥室负责处理相关事件。网格员的参与不仅推动了改革的深入进行，也在一定程度上提升了问题处置的效率。此外，"一件事"改革还对网格员上报事件数量设定了指标，促使网格员不论是对大事还是小事，都乐意上报。在这样的环境中，地方政府也间接通过网格员宣传推广了"一件事"，提升了"一件事"的民众知晓率。

此外，居民还可以在"邻礼通"小程序的"报事报修"模块中上报事件，并对结果进行评价。截至2021年7月，"邻礼通"数字平台赋能680多个小区，27.6万户城市居民。这一智慧平台有效整合了社区党组织、业委会、物业公司、业主、志愿者等基层社会治理单元，形成了共建共治共享的治理新格局，有效推动了社区治理体系和治理能力现代化。

2. 处理：闭环清晰顺民意

小闭环就是由街道层面组织解决"一件事"。比如对于城区机动车违停管理"一件事"，由群众或网格员将事件上报，街道提交给交警部门去现场处置，交警部门处理完毕反馈回街道，街道再反馈给网格员，最终事件得到解决，形成一个小闭环。

通常，街道会组建自己的综合执法队伍，队伍的编制不在乡镇，而在各个部门。综合执法队伍的所有考核都由乡镇负责，实际上以乡镇的名义进行执法工作。衢州市形成了"一图四表八机制"的工作运行体系，建立了具有"乡镇味"的执法办案机制，有效保障了基层执法工作规范化水平，并积极探索并建立了执法办案、队伍管理、日常巡查、"1＋X"定期会商等制度机制，以乡镇（街道）综合信息指挥室为载体，开展日常执法、联合执法、专项整治等活动。

目前，在控制编制总量的情况下，衢州市已推动全市60%的行政执法力量下沉乡镇（街道），科学设置下沉执法人员考评细则，强化属地对"一支队伍"的指挥协调、考核管理、推荐提名、反向否决等权限，与乡镇干部一体管理、一体考评，确保"基层事情基层办、基层事情有人办"。但综合执法队伍并不包括所有部门，一些职能也不是区级部门能够执行的，这时，就需要通过更高层级的部门来处理。

大闭环就是由牵头部门组织解决"一件事"。例如，在扬尘处置"一件事"中，综合执法队伍并没有公路部门的工作人员，没有相应执法权，那么街道会上报给事件的牵头部门（开发局），由牵头部门将任务派给职能部门（公路部门），在职能部门处理完事件之后，反馈给街道，再由街道反馈给网格员，这样就形成了一个大闭环。

3. 考评：上下互评去积弊

衢州市将基层社会治理"一件事"纳入乡镇（街道）干部"四维考评"和县乡"双向考评"范围，通过上下结合、双向考评的方式，倒逼推动"一件事"实现"一次办结"。

乡镇（街道）干部"四维考评"结果与年底评优评先、奖金分配直接挂钩，差距拉开20%以上；实行派驻人员编制"双锁定"，即锁定部门在乡镇派出机构的编制数，锁定部门纳入乡镇统筹管理人员数，推动素质优良、有发展潜力的派驻干部沉入乡镇模块；同时，实行派驻干部"四权"管理，赋予乡镇（街道）党（工）委对派驻干部的指挥协调、考核管理、推荐提名和反向否决四大权利。这项考核制度旨在打破条块分割、身份标签、苦乐不均积弊，倡导"多劳多得、能者多得"。在这种考核制度下，有的派驻干部因履职不力被退回部门，有的则因表现优异被提拔。

县乡"双向考评"可以推动部门乡镇权责同担，乡镇可以围绕"一件事""一组团""一体化"三个维度对县相关部门开展考评，拥有不少于15%的考评权，变"条块分割"为"条抓块统"。比如，衢州市龙游县通过实施县乡"双向考评"，增加了乡镇（街道）的话语权，实现了资源向一线倾斜。"现在，我们的中心工作需要配合的时候，打个电话，几个部门的人员就都到了，降低了政府的行政成本，提高了行政效能。"龙游县龙洲街道工作人员张旖说。

同时，投诉人也在考评中起到了重要的作用。街道中上报信息的投诉人会根据及时处置率、事件办结率、办结满意度、事件处置方式等在系统中对执法中队、下乡人员进行评价打分，考核结果纳入"四维考评"。街道每个月都会总结一份月度研判分析报告，对数据进行汇总分析，关注当月出现频率较高的事件，从中发现存在的问题，并进行研讨。到了年底，乡镇（街道）会进行年终考核，哪个部门比较配合、哪个部门懒政怠政，就会有比较明显的区分。

三、改革成效

衢州市持续做实做优党建统领基层社会治理体系，以数字化改革为牵引，围绕基层社会治理领域的高频事项、高权重事项、群众或企业高需求事项，组成跨部门、跨领域、跨层级的县乡联办事项，有效发挥"基层治理四平台"的主干作用，一体贯通平安法治建设，实现"一件事、集成办"。

（一）高效协同，上下联办攀高峰

衢州市明晰县乡权责，形成全国第一张"属地管理"清单，推进事项协同联办，建立动态管理和事项准入机制，推进依单履职、依单监管、依单问责。衢州市梳理编制乡镇（街道）权力清单142项、政务服务事项清单586项、属地管理事项清单68项，逐项明确部门和乡镇（街道）的工作责任、协同机制、履职流程，推动部门职能归位、乡镇减负增效,实现清单之外无属地事项、列明之外无其他工作责任。

为防止部门间推诿扯皮,衢州市建立了"一件事"协同办理机制,明确由一个部门牵头,通过跨部门、跨领域、跨层级协同,实现乡镇点单、部门报到、限时办结。截至2022年6月,城区机动车违停管理、城镇燃气管理、校园周边安全防控、扬尘处置、固体废物处置等共性"一件事"在全市域推广运行,累计办结量超3.2万件。

(二)机制重塑,综合执法简约化

衢州市依托"一中心四平台一网格"县域社会治理体系,编制了事件运行流程图,明确了县级社会治理中心牵头、相关部门配合的闭环运行模式。如农民建房服务监管"一件事",建房审批程序由7步减为3步,时间从90天缩至7天,纸质材料"零提供",直接使农村建房问题信访率同比下降40%。除此之外,衢州市聚焦法律授权、执法体制、政策保障等堵点,形成了一批制度成果,推动改革实现突破。市、县两级出台基层社会治理"一件事"集成改革实施方案、"一支队伍管执法"实施方案等相关文件39个,提出法律法规相关建议8条。

(三)层层递进,试点办结效率高

截至2020年6月,"一件事"改革已先后推出4批共19个事项(见表1),体系日益成熟,效率大大提高,丰富和拓展了治理现代化的理论和思想内涵,为全省推进"县乡一体、条抓块统"改革提供了衢州样本。截至2022年7月,"一件事"改革已完成3轮业务培训,覆盖6个县(市、区)、103个乡镇(街道、办事处),实现了全市域的上线运行。其中,农民建房服务监管、欠薪处置、城区机动车违停管理已在全市范围内得到推广应用。城区机动车违停管理打通了交警、综合执法、街道等8个部门,对接"114"移车服务平台、智慧停车平台等12套系统,设置绿色限时停车位、黄色夜间停车位、蓝色海绵停车位。城区机动车违停管理治理成效显著,市区中心道路违停平均处置时长缩短66.67%、违停总量同比减少21.59%,极大地便利了群众停车和出行。

表1 "一件事"办结成效

批次	"一件事"项目	已办结(件)	处理中(件)	其他(件)
第一批次	城区机动车违停管理	12604	429	56
	农民建房服务监管	518	125	4
	欠薪处置	415	101	6
第二批次	城区噪声处置	2372	519	22

续表

批次	"一件事"项目	已办结（件）	处理中（件）	其他（件）
	校外培训机构监管	884	81	26
	固体废物处置	122	102	21
	矿产品管理问题处置	129	64	2
	无证无照生产经营整治	316	85	4
	校园周边安全防控	445	36	2
	"三小一摊"监管	1565	270	7
	扬尘处置	208	115	4
	进口冷链食品疫情防控	0	22	4
第三批次	道路交通安全隐患处置	1260	677	103
	非法采砂制砂处置	161	60	8
	城镇燃气管理	147	57	7
	非法加油处置	54	11	0
	国有土地违建处置	395	73	8
第四批次	出租房屋安全监管	141	23	0
	非法捕捞	71	32	1

四、存在的问题与原因分析

（一）存在的问题

衢州基层社会治理"一件事"集成改革，聚焦县乡职责，梳理责任清单，推动部门办事实现"一次办、集成办、高效办"，加快构建基层社会治理智治系统，切实增强人民群众的获得感、幸福感、安全感。但是，基层社会治理"一件事"在推进过程中出现了技术赋权不均、部门协作不畅、主体参与不足、内部整合不力等问题。

1. 技术赋权不均，改革深化受阻

整体智治建立在智慧治理的基础上，数据共享互通是其重要的基础条件之一。统一的数字治理平台是实现资源整合、数据共享互通的关键，但目前衢州市的数字治理平台尚未统一，公安、电子、建设等部门处理业务所使用的平台系统与市民在申诉相应领域的问题时采用的平台途径各有自身运行保存模式，不同平台系统的信息缺少顺畅的沟通。目前，市民反映的问题多通过网格员上报，自主上报案例较少。此外，工作人员通常反映"政务软件多，给实际办公增加负担"，市民则反映"过多软件使用不便，占用不必要的内存"。居民端"一件事"反馈平台"邻礼通""村情通"等作为非主流平台，用户少，覆盖面不广。

2. 部门协作不畅，信息壁垒显现

"一件事"改革在衢州市全面推开，部门间的协作也显得尤为重要。然而，传统管理体系导致的部门壁垒难以打破。此外，在"一件事"实施过程中，涉及的责任清单多，各部门可能有一套独立的系统，行业主管部门包括一些审批部门的系统权限受制，未跟"一件事"系统打通，基层处理人员难以提前了解事件所涉及的违法行为，给处置工作带来了一定的困难。工作人员表示，以城区噪声处置"一件事"的运行为例，由于系统平台尚未与住建及市场监管等部门打通，处理噪声投诉时工作人员难以直接查看施工审批情况，工作变得烦琐。衢州市公共服务的完整服务链还需要完善，部门间资源整合问题是衢州市基层社会治理"一件事"全面铺开过程中的一大障碍。

3. 主体参与不足，治理成效不一

衢州市各地区参与基层社会治理"一件事"时出现了参差不齐的结果。首先，城乡参与不一致。"一件事"改革依托信息技术手段，以智能软件为载体，而农村地区居民多为老年人，受文化水平限制，其对数字技术利用度不高，事件上报仍须通过网格员进行。此外，"一件事"改革宣传不到位，在农村地区知晓率较低。多重因素导致农村居民在"一件事"的参与上积极性不足。其次，各街道治理成效不一。"一件事"改革虽已全面铺开，但各街道落实情况不一，府山街道和荷花街道的试点落实情况较好，治理成效显著，可以为其他街道提供参考借鉴，然而，多数街道改革进程并不乐观，存在宣传不到位、队伍建设不强和行动有偏差等问题，仍需通过多方努力推进"一件事"改革。

4. 内部整合不力，碎片化问题依旧存在

衢州市"一件事"改革明确和优化了县乡职责，在一定程度上弥合了政府部门间的服务缝隙，但在公共服务领域尚未形成完整的服务链，分割管理模式致使碎片化问题依旧存在，无法满足群众对于高品质服务的需求。这主要体现在以下几点。其一，决策目标碎片化。"一件事"是政法委牵头引领的基层社会治理改革，出于"部门本位主义"的立场，一些部门负责人在进行决策时会缺乏全局观和系统观，仅站在自身的立场去考虑和分析问题，致使"一件事"与旧有的改革在功能上存在相似性与重叠性。其二，改革目标与手段关系碎片化。"一件事"改革是在公民需求导向基础上的改革试验，基层政府扮演的只是执行的角色。由于改革在乡镇地区的适配度较低，所以在政策目标落实过程中有时会出现"上有政策、下有对策"的问题，基层政府工作人员在改革中执行态度敷衍、政策内容附加、执行流于表面、片面执行政策等问题层出不穷，改革成为任务而非服务。其三，监督执行碎片化。"一件事"改革对各级执行主体均形成了完整的考核步骤，但其考核标准不一，考核内容与实际成效相关性不明确，在执行监督上缺乏系统性的明确方案。

（二）原因分析

1. 技术手段不成熟

整体性治理理论主张通过信息和网络技术，建立一整套统一的数据库，推动在线治理，实现政府工作高度整合，提供"无缝隙"服务。"一件事"改革相关职能部门根据自身业务需求，使用内容不同、更新频率不同的平台系统，将改革原有合力分散化，过度追求数字赋能变革而忽视改革的协同一体化。同时，技术手段的滞后性使得政府工作整合力度不足、资源浪费严重，产生服务缝隙。此外，基于智治系统的"一件事"改革忽视了老年人群体及农村低文化水平群体的服务需求，改革对此类群体的赋权效果甚微，直接导致他们对改革的参与程度不高，难以体验改革发展成果。

2. 共同体理念薄弱

整体性治理理论着眼于政府内部机构和部门的整体性运作。"一件事"作为基层社会治理整体性智治改革，在实施过程中涉及责任清单多，部门间信息系统繁杂，政府信息资源开发缺乏统一规划，导致数据共享互通成为亟待解决的难题之一。此外，由于"部门本位主义"及旧有条块结合的组织结构中部门利益化趋向的存在，部门利益壁垒逐渐形成。行政体制内部的组织重组、行政权力的重新配置，可能导致不同利益主体对于改革的不配合。不同主体之间的利益博弈导致部门之间信息不贯通。

3. 主体参与意识淡薄

不同层级政策执行主体在目标与期望之间经常存在分歧和冲突，由于之前基层政府管理方式落后，部分群众认为乡镇政府在工作方式、办事程序等方面存在问题，对基层政府及工作人员产生刻板印象，这在一定程度上阻碍了他们反映自己的诉求。此外，政府未能跳出传统体制的窠臼，依旧从管理的思路出发解决问题，而不是以治理理念进行方式重塑，未将政府以外的主体当作基层治理的参与者，因而不能形成共同的愿景，也不能达到共同生产的效果。"一件事"改革中，政府相关部门宣传的弱化和运行机制的僵化导致群众参与度不足，存在一定的被动依从性，即政府提供什么样的服务，自己就接受什么样的服务。主体参与意识淡薄，囿于传统的管理思路与刻板印象，使得政府相关部门不能提供改革所预期的服务，群众对改革的参与热情不高、参与度不足。

4. 决策缺乏整体思考

碎片化问题包括"无心的碎片化问题"和"有意的碎片化问题"两种。"一件事"改革现存碎片化问题多为前者，即碎片化问题并非管理者本意引发，而是个体在无意间导致的非预期性结果。首先，"一件事"改革是"县乡一体、条抓块统"改革大框架的组成部分，与其他改革模块具有很强的关联性，但由于改革覆盖面过于庞大、问题过于复杂，因此改革决策难免出现碎片化问题。其次，"一件事"改革现有19个事项侧重于城市社会管理和城市居民生活问题，与农村社会治理关联性较弱，但乡镇政府为完成考核任务盲目扩大范围，致使政策执行出现偏差。最后，现有考评规则在"一件事"改革模块不明确、未细化，这使得基层政府、部门按照事件的考核结果相机抉择，从而产生碎片化问题。

五、优化建议

衢州市在实际推进基层社会治理"一件事"集成改革过程中暴露出技术赋权不均、部门协作不畅、主体参与不足、内部整合不力等问题，可从以下四个方面优化"一件事"改革，助力"一件事"改革成效更突出，持续提升基层治理服务能力。

（一）强化数字赋能协同重塑，丰富平台使用宣传形式

在基层数字治理中，需要通过平台融合、数据融合、业务融合实现治理与服务的功能重塑，通过数字化理念对"邻礼通""村情通"等原有治理功能与微信、支付宝、钉钉等主流平台进行协同重塑，适当整合政务软件功能，减少实际办公负担。此外，还要加大宣传力度，扩大用户群体。一是在推进"一件事"改革的过程中加大对"基层治理四平台"主干功能和枢纽作用的宣传，提升公众对于平台使用的认知，扩大平台的用户群体；二是相关行政人员积极服务于平台受众，重视与群众的互动，行政人员要始终牢记"服务"理念，认真倾听群众诉求，以获得群众的支持。

(二)推进复合人才队伍建设,加强部门衔接协作能力

为加强"一件事"改革中的部门协作,内部优化和外部优化均必不可少。对于内部优化而言,要注重提升行政人员的沟通能力和数字化能力等,培养复合型行政人才,这是改革取得进一步突破的关键。一是提高人才招收标准门槛,从源头上提高复合型行政人才的比例;二是通过建立"导师帮带"机制、专家授课、"线上+线下"学习交流模式,全方位提升行政人员的知识结构,推动行政人员由单一型人才向复合型人才转变。对于外部优化而言,要打通行业主管等部门与"一件事"改革的系统联系,加强部门的衔接协作能力,完善公共服务的服务链。

(三)创新多元主体监督格局,增强基层改革执行合力

建立健全分工明确、相辅相成的多元主体监督格局是助力"一件事"改革深化的重要举措。在基层数字治理过程中,以"党建引领、三方协同"为核心,以政府相关部门行政人员的内部监督为主,以第三方主体及受众群体的外部监督为辅,激发各方参与内生动力,按照"条块结合、条抓块统"的原则,探索与数字应用相契合的运行模块,再造闭环处置流程,破解基层治理"量大面广"的难题等,不失为一种可行的方式。开辟线上互动参与渠道、融通线上线下民主协商过程、提升多方互动水平等,是当前努力的方向。

(四)转变碎片零散治理思想,树立协同治理整体观念

要建立统一的治理平台,由单线治理向协同治理转变;各地区要减少"晋升锦标赛"和"目标责任制"的压力,完善监督和奖评机制,减缓部门间层级冲突和条块间价值冲突,提升行政人员的积极性,以减少基层治理的制度资源耗散;将整体治理机制的理论融入"一件事"改革实践,增强改革目标和手段的耦合程度,使其发挥"1+1>2"的治理功效,逐步解决碎片化问题。

📖 案例点评

"建房难、监管难、交流难"生动地描述了我国基层治理现存问题。在这一背景下,衢州市以党建为引领,以数字化改革为牵引,以"一件事"改革为切入口,构建"县乡一体、条抓块统"的高效协同治理格局。本案例以荷花街

道噪声处置"一件事"为例,将"解决问题"作为政府相关部门活动的逻辑起点,并在此基础上建立了跨部门的、以功能主义为核心的治理机制,依托信息技术手段和智治系统,以伞状结构代替功能分化的组织,打破组织壁垒,解决多重考评难落实等问题,形成主动协调、密切合作的服务机制。本案例提出的强化数字赋能协同重塑、推进复合人才队伍建设、创新多元主体监督格局、转变碎片零散治理思想,以及扩大"一件事"平台用户群体、加强部门衔接协作能力、增强基层改革执行合力、将整体性治理理论嵌入地方治理过程等,是对基层自治新模式的成功探索,也是对地方治理创新与改进的有力回应。

(点评人:傅衍 讲师)

求和守信,治标治本
——浙江省丽水市遂昌县"信用村"基层治理新模式[①]

一、案例背景

党中央提出推进国家治理体系和治理能力现代化的要求,同时乡村振兴战略不断贯彻落实,数字赋能的现代信息建设与智治的作用增强,对基层治理的能力水平有了框定的要求。在这一大背景下,国家先后出台多种政策。比如:2004年国务院印发《关于进一步深化农村信用社改革试点的意见》,进行了农村信用社改革的初步探索;2007年国务院办公厅印发《关于社会信用体系建设的若干意见》,加快推进我国社会信用体系建设,进一步完善社会主义市场经济体制,构建社会主义和谐社会;2019年国务院办公厅印发《关于加快推进社会信用体系建设 构建以信用为基础的新型监管机制的指导意见》,将信用体系拓展到监管机制层面。同时,地方政府也结合自身实际发布了一些文件,比如中共浙江省委办公厅浙江省人民政府办公厅印发《关于加快推进信用"531X"工程 构建以信用为基础的新型监管机制的实施意见》,加快构建以信用为基础的新型监管机制。

在乡村振兴大背景下,"五治融合"(见图1)是目前基层治理提升的有力指导思想。"五治融合"即政治强引领、自治强活力、法治强保障、德治强教化、智治强支撑,具有一定的多元性。"五治融合"主要有以下三个特点:一是重点激发自治的内在活力,从内部促进革新产生;二是必须融合德治与法治,在二者保持平衡的前提下保障变革过程的相对稳定性,避免矛盾激化;三是需要辅助智治,以现代信

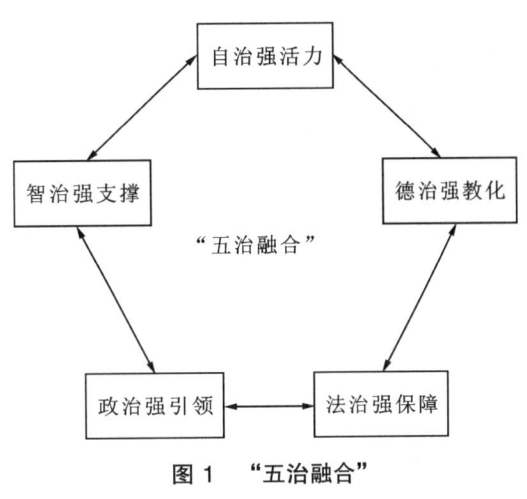

图1 "五治融合"

[①] 案例编写:李伊能、王思晨、何佳乐、陈大靠。案例编辑:张凤娟。

息技术为变革创造必要条件。总之,"五治"只有相互联系、共同影响,才能促进基层治理发生质变。

(一) 新时代乡村政治体系

乡村发展需要凝聚力和发展动力。基层党组织作为乡村建设的核心力量,要发挥"战斗堡垒"和"主心骨"作用,带领群众投身乡村建设,解决包括发展乏力在内的诸多问题。在实践中要注重以下三点:一是加强思想教育,注重旗帜引领;二是注重党员培养和党组织建设;三是把"政治"作为实现治理体系现代化的统领。基层党组织统领是基层社会治理的最大政治优势,党员坚定的政治站位是开展乡村治理的首要前提,因此,必须加强基层党组织建设,确保党组织作为推动乡村社会发展的领导力量,通过提升领导能力、实践能力、治理能力,稳步推进乡村现代化建设。

1. 新时代乡村自治体系

乡村自治有深厚的历史积淀,也有鲜明的时代指引。传统乡村自治在小农经济、家族礼法的土壤中孕育而生,形成强大的族权与乡绅集团。与之相比,基层群众自治制度是实现人民当家作主最有效、最广泛的途径,有着中国特色社会主义民主政治的特点和优势。党的群众工作理论,既源于马克思主义思想,又具有中国特色;既汲取了国际共产主义运动的有益成果,又与时俱进、不断探索创新。

2. 新时代乡村法治体系

鉴于传统乡村法治的缺失是全面依法治国的薄弱环节,乡村法治这一点有待重点加强。培养群众法治思维,建立完善的机制体制,是乡村法治顺利推进的可靠保障。乡村法治建设应当遵循这一路径,肯定其在乡村治理中的作用,坚持在党组织的领导下开展建设。随着城市化的快速发展,人的权利意识增强,运用儒家中庸思想、注重和气的调解方式与某些传统规范在乡村治理中逐渐失去权威。面对这一现状,要将社会主义核心价值观融入村规民约。在村规民约订立过程中注重自治表决,提高村规民约在村民中的认可度,加强德风、村风、家风的规范建设,制定村规民约监督机制,实施村"两委"及村民监督模式。对村规民约发挥作用的领域如公共秩序、乡村生态、日常风俗等领域,做出规范,使其制定和实施程序更加规范。

3. 新时代乡村德治体系

中华民族尚德的特性铸就了其深厚的德治根基,使道德的弘扬、人心的向善与国家的荣辱兴衰紧密联系在一起。长期以来,德治在乡土社会发挥着重要作用。坚持党组织领导下的乡村德治建设,建立德治规范和评价体系,是新时代乡村治理体系建设的新突破。我国德治这一治理方式由来已久,自上古时代开始,我国先民就已经产生德治观念。据文献记载,尧是施德济民、以德化民的创始人,其开创发展了中华民族崇尚德治的局面。孔子对于"德"的论述和他所持的关于"德治"的思想,对中国古代的伦理观念和政治思想的发展具有深远的影响。宋明理学的代表者朱熹提出"德礼政刑""相为终始"的德刑关系说,真正将道德和法律统一于封建道德规范之中。现代德治体系的建设主要是精神文明建设,践行社会主义核心价值观,通过建立德治规范体系和评价体系,引导道德建设,破除思想顽疾,彰显德治的新价值。

4. 新时代乡村智治体系

"智治"是大数据、云计算、人工智能等先进科学技术应用于社会治理的新提法,其涉及领域广泛,涵盖内容丰富,为政府相关部门提供了新的治理手段。智治以网络和大数据智能处理为依托,通过政府网络平台收集信息,之后在数据库进行整理计算,从而得出治理建议。这种治理方式从信息产生到得出结论,需要连接包括群众、政府部门、企业、科研机构等在内的多个主体,以利于实现共治共建共享的社会治理格局。基层智治可实现信息的共享互通,传达党和国家的方针政策;能够充分调动群众在生产生活中的积极性和创造性,促进乡村产业兴旺;可以节约行政资源,减少人力投入。目前,乡村治理智能化水平较低且尚未得到普及,智治发挥作用的空间有限,不能完全适应乡村治理的现实需求。

(二)"信用村"基层治理模式应运而生

虽然我国信用体系与基层治理融合的相关指导意见不断完善,但有关实践仍需要有重大突破,由此浙江省丽水市遂昌县"信用村"基层治理新模式应运而生。遂昌县蔡源乡地理位置偏远,经济发展程度欠缺,之前当地居民把上访当作家常便饭,遇事常用争执代替交流协调,给当地乡镇干部造成了相对较重的管理负担,由此"信用村"模式构想初步呈现。遂昌县蔡源乡以"信用码"为核心开展信用等级评定,通过公示、奖惩机制激励居民积累信用积分,进而引领乡村形成优良风尚。

二、案例内容

"信用村"的试点工作于2020年1月在蔡源乡蔡和村开始,同年8月向全县20个乡镇推广。从实践情况来看,"信用村"的创建对于加强基层党的领导,实现诉讼、执行、信访的源头治理以及乡村治安环境、生态环境和营商环境的优化等发挥了明显的作用。"信用村"这一创新举措被浙江省委办公厅录用,被中国新闻网和《丽水日报》作为头版头条进行了报道,相关负责人在"2020中国社会治理与全面小康研讨会"上将其作为经典案例进行经验介绍。

蔡和村位于浙江省遂昌县西部。2010年12月村规模调整后,蔡源上村、蔡源下村两村合并为蔡和村(见图2)。蔡和村村民委员会驻原蔡源下村,截至2022年,全村辖3个自然村、17个村民小组,全村农户394户、人口834人,有耕地面积1766亩,村民人均年收入10702元,以农业、种植业为主,以个体私营经济发展为辅。

图2 蔡和村风貌

(一)案例回顾

1. 问题导向:基层治理基础薄弱,涉诉涉法的信访情况繁杂

蔡源乡蔡和村有着近千年历史的蔡和文化和蔡相文化,自然环境优美,但近年来随着社会经济的发展,蔡和村矛盾纠纷、失信老赖、涉诉涉法的信访不断增多,群众的文化素养和个人素质较低,基层治理基础薄弱。

(1)家家自扫门前雪,不管"公共"瓦上霜

村里家家户户旁边都是河道,村民环境保护意识淡薄,人们图方便常常将厨余垃圾、生活垃圾、废水等直接丢弃或排放在邻近的河道里,导致清澈的河道变成了一条

"臭水沟";村民饲养家禽基本采用放养形式,家禽的排放物和饲料没有进行统一管理,不仅毁坏了耕地资源,而且破坏了村居环境。

(2)公说公有理,婆说婆有理,互不相让调解难

村民遇到纠纷常常习惯性地先争吵,村里、乡里调解效果甚微,村民通常越级上访、反复上访,很少通过正当合理的途径反映自己的诉求。如该村林某在建房期间,与邻居黄某发生了房屋界址纠纷。两家持续争吵,谁也不让谁,乡里、县里工作人员都进行了调解,但收效甚微,于是他们不断上访。

(3)重点信访对象多,失信老赖在逃多年

蔡和村是出了名的"访户多""老大难"村庄,重点信访对象多,赴省进京上访对象多。村里失信情况时常发生,比如有一位在外逃债多年的被执行人,多方合力劝说后,仍在外逃窜,至今未归。

2. 制度雏形:从"和为贵"的治标到"信则兴"的治本

为了响应"推进国家治理体系和治理能力现代化,构建共建共治共享的社会治理格局"的精神,遂昌县蔡源乡党委、政府和相关部门基于实际情况共同谋划,推进基层治理"信用村"建设,创新推出"信用码",进行新时代基层社会治理"信用村"的探索。

(1)村规民约新升级:从"纸上谈兵"到"八句箴言"

"信用村"配套制度主要包括两个部分,即理念与规章制度方面的八条底线规范和信用等级评定的相关细则。其中,八条底线规范为纲领性的指导核心,信用等级评定的相关细则规定了等级评定的要求,点面结合,科学、规范、有效。

蔡源乡当地信用等级评定的主要细则分为三大部分:一是以个人信息的获取与档案的建立为基础,通过精确到个人的信息记录,确保有关信用记录落实准确,为后续建设工作提供强有力的保障;二是以不良信息的扣分专项记录为反例,通过对违法行为的惩处,有力遏制当地违法行为滋生,形成诚实守信的良好风尚;三是以守信信息的积分获取记录为依据,给予失信群体"翻身"的机会,使其从"红码"逐步过渡到"黄码"甚至是"绿码",为村民"改过自新"提供了良好的平台。这三大部分的紧密联系和配合,构建了村民在信用方面完整的响应框架,规定刚性,公平公正,严格抵制失信行为,却也不失"柔情",对有改正心态的群体具有极大的包容性,刚柔并济,实现平衡。

"信用村"通过村规民约建立了八条群众易懂的底线规范,并细化成二十四条可操作的具体细则。八条底线规范(见表1)分别是:"第一条,听党话跟党走;第二条,不违法、不犯罪、不当老赖;第三条,不违反村规民约;第四条,不上访、不滥

告；第五条，不造谣、不传谣、不信谣；第六条，不捕杀和买卖野生动物；第七条，有纠纷找'和团'调解；第八条，支持村集体做事业。"乡镇相关工作人员描述道："这八条底线规范是和法院、村干部还有村里面的能人探讨过很多次的。原先村里也是有村规民约的，只不过大部分流于形式，就是一张东西贴在那里给大家看看。所以我们在设计时特别注意：第一，条款必须通俗易懂、一目了然，念给他们听，他们就懂；第二，条款必须具有刚性，不能是一纸空文。比如，条款指出门前屋后不乱堆乱放，老百姓一听（看）就知道了，哪怕是我自家的门口，东西也不能乱放。再如，条款规定家禽要圈养，老百姓就知道自己那些乱跑的鸡鸭要圈起来养。"

表1 八条底线规范

条款	具体描述	分值
第一条 听党话跟党走（15分）	受到上级党纪政纪处分	置顶减15分
	党员不参加组织生活	5分
	不执行上级党委、政府决策部署	5分
	配合防汛、防台、防火等应急事项处置（包括撤离、禁止燃放烟花爆竹、禁止焚烧秸秆）	5分
第二条 不违法、不犯罪、不当老赖（20分）	被公安机关处以警告、罚款、行政拘留、吊销公安机关发放的许可证，被法院处以缓刑以上刑罚	置顶减20分
	违章违建	5分
	涉黄赌毒	5分
	村霸恶霸	5分
	酒驾被查处	5分
第三条 不违反村规民约（8分）	本村范围内电、毒、网、钓鱼	2分
	乱堆、乱放、乱占	2分
	家禽不圈养	2分
	村规民约规定的其他事项	2分
第四条 不上访、不滥告（15分）	去北京越级上访滥告	置顶减15分
	去省城越级上访滥告	5分
	去市里越级上访滥告、去电去信上访滥告	5分
	不履行法院判决且不进行个人债务重整	5分
第五条 不造谣、不传谣、不信谣（10分）	造谣被公安处罚	5分
	微信、书面以及口头传谣被查处	5分

续表

条款	具体描述	分值
第六条 不捕杀和买卖野生动物（10分）	捕杀、买卖野生动物被查实	10分
第七条 有纠纷找"和团"调解（10分）	本村范围发生矛盾纠纷不按程序调解，随意起诉上访	置顶减10分
第八条 支持村集体做事业（12分）	阻挠村级项目政策处理	4分
	妨碍村级事业开展	4分
	背后唆使他人、挑拨离间、幕后策划导致集体及他人利益受损	4分

（2）组建"和团"：变"纠纷往上走"为"纠纷往下引"

以往的矛盾纠纷化解过程中存在三个弊端：一是处置不及时，未能抓早抓小，导致"小事变大事"；二是化解能力有限，未能实现力量协同和资源统筹，导致纠纷不能得到有效解决；三是解纷责任主体经常换人，难以与纠纷群众建立信任关系而引发群众上访行为。为推动村民以"求和"方式就地化解纠纷，乡党委牵头成立"和团"这一调解组织。群众产生纠纷时，可以拨打"和团"服务电话"100"寻求帮助，"和团"成员将在15分钟内上门进行现场调解。此外，作为试点的蔡和村还在公共活动场所设立了"蔡和说事亭"，设置"请你来说事""请你来协商""请你来调解""请你来监督"模块。"和团"成员除了在接到求助电话时提供帮助，还在日常与群众闲聊时，开展民意收集、排摸纠纷、议事协商、评理化解等工作。同时，统筹县矛调中心资源，协同各方力量，力争把矛盾纠纷一次性化解到位。"和团"成员在化解纠纷的过程中，需要专业力量帮助时，由乡党委、政府出面协调县"矛调中心"专家团的支持，弥补和增强"和团"成员的调解能力，促进纠纷得到实质性化解。

（3）"信用码"机制初探索：从"求和化解"到"签约守信"

乡镇政府和相关部门在"信用码"机制方面进行了初步探索。"信用码"机制主要包括两个方面的内容：一方面，通过"求和"就地化解纠纷，对于违反村规民约，不先"求和"而直接诉讼、越级上访的群众，扣减其信用分，降低其信用等级；另一方面，以"守信"减少纠纷、促进发展，并通过信用评价激励机制进一步引导群众"守信"，对于违反新时代村规民约、蓄意制造纠纷或损害集体经济发展的群众，扣减其信用分，降低其信用等级。

乡镇干部回忆道："我们最初进行了很多探索，比如，对于红码，我们会采取一些惩戒措施，如申请入党的时候会被列入黑名单。绿码的话，我们采取一定的奖励措施。我们征求过很多意见，也跟很多专家学者进行了探讨，考虑到我们乡镇一级的党委、政府并不是执法主体，所以进行惩戒可能并不合适，于是我们就把相关规定改成凭借绿码多享受一些优惠性政策，之后我们又相继出台了一些加分奖励政策，奖励方式更灵活多样，如供给消费券。"

（4）三重"钥匙"：共同治理实现"民事村了"

"信用村"通过三层递进方式化解矛盾纠纷，最大限度地实现"民事村了"。对于已发生的矛盾纠纷，"信用村"通过以下三种方式来化解。一是通过"德治"的传统教化划定底线，为此蔡和村成立了由网格员、乡贤、人大代表等德高望重人士组成的"和团"，借助相应组织的威望，助推矛盾纠纷双方心平气和地接受调解；二是县矛调中心乡镇服务站等专业力量提供支持，在"和团"化解不成功的情况下，通过掌握专业知识的力量进行化解，在遵循规章制度的前提下力图使纠纷顺利解决；三是由村民代表大会选举产生的民意评判团进行公正裁决，以民意评判的自治力量构筑诉前纠纷化解的最后一道防线，不偏不倚，公正民主。三重"钥匙"层层递进，确保矛盾纠纷顺利解决，避免群众内部出现严重纠纷甚至仇视情绪，促进当地乡村和谐共生。

（二）实施成效

蔡和村的"信用村"建设取得了显著成效，不仅在社会治理上由"和为贵"的治标转为"信则兴"的治本，还从"减少纠纷"和"促进发展"两个方面补齐了基层乡域治理体系和治理能力的短板。

1. 村民形成生态环境保护意识

蔡和村的村民反映："我们整个村环境好多了，以前有些人把自己家的垃圾直接扔旁边河道里面，现在就很少了。"如今，蔡和村无人焚烧秸秆、垃圾，无人乱扔乱堆乱占乱放，小溪水质得到了很大的提升，无人电、毒、网、钓溪里的鱼，无人捕杀、食用野生动物，无人乱砍滥伐，树木得到了有效保护。

2. 推动民风向善，村民生活其乐融融

73岁的罗尚金曾在村里担任38年的村干部，他坦言，现在村里的好人好事越来越多了。新冠疫情防控期间，回乡大学生罗茜、周晓薇等人积极主动负责村里疫情防控的志愿工作；领到首张红码的肖某心存愧疚，身为蜂农的他之后不仅向抗疫医护人员捐出25千克蜂蜜，还向县红十字会捐款1000元。

3. 切实减少诉讼和信访增量

县政法委一位干部表示:"我在政法委上班的时候,就知道蔡源乡这个地方上访户特别多,利益诉求群体和上访重点对象相对来说比较多,而且有很多是反反复复纠缠了很久的,很多年的老访户、缠访闹访那种。去年开始,这拨人都签了协议,之后一个进京上访的都没有。"自"信用村"的绿码、黄码、红码公布以来,黄码和红码的家庭成员会主动追问黄码、红码形成的原因,并主动劝说家人消除失信行为。比如,因乱堆杂物被评为黄码的家庭成员了解情况后,主动搬离杂物并向邻居道歉,从而缓和了邻里关系,将矛盾纠纷消解在萌芽状态。再如,一个红码家庭为修复信用,积极劝导村民按照村规民约规定的纠纷解决秩序寻求和解、化解。2020年,蔡和村一季度的万人成讼率为6.67‰,远低于遂昌县一季度万人成讼率20.2‰的平均值,村民们都不愿再当"老赖",赴省进京上访率降为零,治安环境明显改善。

4. 优化营商环境,推动乡民致富

随着从求和到守信的基层社会新风气的形成,营商环境也明显优化,一季度成功吸引了财通证券股份有限公司、中国能源建设集团浙江省电力设计院有限公司等多家企业投资,县农业银行和县政策性融资担保公司主动向高信用分的绿码家庭提供低利率贷款和优惠担保,村集体经济和守信用的村民由此走上了发展致富的"快车道"。村干部介绍:"我们山顶有个一亩大的茶园,财通证券的全资子公司浙江财通资本投资有限公司在这里进行了投资,环境好,利润高,也带动了村民致富。最近还与一家企业洽谈了小香薯种植相关事宜,土地已经平整好,在试种植阶段,附加值很高,如果到时候效果好,推广起来,对村民来讲也是一个比较好的增收项目。"图3为外来企业投资的农家乐。

图3 外来企业投资的农家乐

5. 信用赋能基层社会治理

基于在蔡源乡基层治理"信用村"工作实践的良好效果，遂昌县委、县政府突破常规、大胆尝试，召开全县基层治理"信用村"创建现场会，在全县范围内开展基层治理"信用村"创建工作，由点到面、全面铺开，加快推进县域治理现代化，高水平打造"信用遂昌""平安遂昌"。多年前，遂昌县信用办印发了《遂昌县打造新时代基层治理"信用村"工作实施方案（试行）》，细化了工作任务和举措，计划在2021年3月底前，实现基层治理"信用村"创建工作的全县推广，在2021年9月底前，基层治理"信用村"创建工作实现精密智控化，努力将基层治理"信用村"打造为遂昌县域治理的"金名片"，以此创设最优营商环境，推动遂昌高质量绿色发展。

三、存在的问题

（一）群众参与度不高

据乡镇干部反馈，新农村建设推广之初，群众的参与热情不高，其传统观念是"你们干部干你们的工作，我们村民过自己的生活，两不相干"。

（二）实操中产生新的矛盾纠纷

实操中产生的矛盾纠纷主要体现在"信用分"上门打分的环节，存在一定的主观评价嫌疑。乡镇干部解释道："比如我们现在使用的信用场景应用中的分数有很大一部分来自大数据抓取，比如被公安机关处以警告、罚款等，分数直接来自公安机关的记录，但是还有一部分是人为打分的，比如'乱堆乱放乱占'，这时候就容易产生一些新的矛盾纠纷。"

（三）数字鸿沟现象难有解决对策

目前，蔡和村的村民年纪较大，文化水平较低，仍有部分村民未配备智能手机。乡镇干部解释道："我们的整体框架设计、整体方向包括结构都是没有问题的，但是存在数字鸿沟的问题，大部分老人没有智能手机，只能通过口头告知和书面张贴告示通知的方式来告知其信用码情况，这就好像我们要种一些名贵的花草，但这里的土壤不大合适。"

四、对策与建议

（一）关注少数人群，优化数字治理手段

要根据老年人群或文化程度较低人群的特点优化数字治理手段，根据该类人群的认知特点，定制简化交互平台，加强老年友好型的媒体设计，新增老年版视图，使页面内容更加符合老年人的视力特征；创建"容错型"互联网交互机制，减缓老年人对于网络参与的焦虑和恐惧心理。此外，动员社会和家庭的力量，通过教育反哺和同辈学习等方式，提升老年人利用信息化工具的能力。改变传统青年志愿服务模式，将提升老年人学习和运用智能手机、互联网等现代信息科技知识和能力作为志愿服务的重要内容。

（二）完善激励机制，提高群众参与感

一方面要遵循激励原理和激励规律，另一方面要与特定群体和环境有效融合。考虑到单方面满足于绿码等级，对继续坚持更高分数持有惰怠心理的事实存在，可依据基层发展实际情况，针对乡村人群制定相应的激励措施，修复激励上限漏洞。用精神奖励、物质奖励并行，甚至绿码层级内部再度区分等方式，提升绿码家庭奖励上限，激发村民参与信用建设的积极性。

（三）自下而上民主监督，把握群众监督基础

群众监督具有广泛性、多元性、直接性等，因此要让群众加入监督队伍，扩大监督范围，强化监督的科学性，提高群众参与基层治理的积极性与创造性，避免因监督缺位引发纠纷。

案例点评

遂昌"信用村"案例生动地诠释了我国基层创新治理模式及信用体系建设的应用，不仅取得了政治氛围浓厚、党的基层领导强化、社会稳定与人民安全感加强、诉讼和信访增量减少、人民群众生态环保意识加强、乡村振兴进一步深化发展等系列成效，也为其他地区基层治理的创新与信用体系的建立提供了宝贵的经验。治理体系和治理能力现代化的基础性工作在基层，而乡村是基层治理的末端，也是基层治理的难点、堵点之所在。遂昌"信用村"案例展现了

在党的领导下构建新型基层治理体系、推动基层从传统管理向现代治理转变、从条块管理向精准治理转变的实际。而将金融信用场景应用于原有乡村治理体系，完善守信激励、失信惩戒机制，引导农村居民自觉履行法定义务、承担社会责任，重构乡村信用体系则是乡村振兴背景下基层自治新模式的成功探索，对县域乃至其余地区都有强大的引领与借鉴作用。跳出着重于金融体系方面的信用制度框架，将其融入乡村基层自治新模式，也是对乡村信用体系建设创新与改进的强有力回应。

（点评人：周亚越 教授）

共同富裕

存入绿水青山，取出金山银山
——浙江省"两山银行"的实践探索[①]

一、案例背景

随着时代的发展，保护生态环境与获得经济效益之间的矛盾日益尖锐，如何破解人类发展与生态保护这对矛盾，已成为全世界面临的难题之一。2005年，习近平同志在浙江安吉余村考察时，首次提出"绿水青山就是金山银山"的科学论断。随后，浙江省倡导大力发展生态经济，此后的十几年中不断强调生态经济的重要性，将生态经济建设提升到一定的高度。依据以上现实背景与政策支持，浙江省开始探索"两山"转化路径。为深入践行上述理念，进一步拓宽"绿水青山就是金山银山"转化通道，加快建设"人与自然和谐共生、生态文明高度发达的重要窗口"，在学习借鉴国内外实践经验的基础上，浙江省谋划启动了"两山银行"试点工作。

"两山银行"因模仿了银行的经营模式而得名。它并不是真正意义上的银行，而是借鉴银行分散式输入、集中式输出模式，把碎片化的生态资源进行规模化的收储、专业化的整合、市场化的运作，把生态资源转化为优质的资产包，从而实现"两山"正规优质高效的转化。"两山银行"可以说是一个交易平台，人们通过这一平台挖掘生态资源的价值，让各个企业根据自身项目的特点择其所好，从而实现企业、农场和农户的共同发展。

"两山银行"总体架构如图1所示。一个项目的运行，首先需要村集体将山水林田湖等零散的生态资源整合收集，再通过"两山银行"这一平台，将生态资源的经营权转让、租赁、托管给企业，其中安吉县政府和金融机构在评估项目的优劣后可形成产业基金，提供资金支持或者与企业合资，"两山银行"会通过专业的团队对项目进行进一步的运作，以实现生态的经济化。此外，产业资本也可以股权合作等方式参与进来。

在"两山银行"助力县域实现绿色转型的过程中，整体性治理的核心思想同样贯穿其中。在治理理念层面，希克斯指出，整体性治理理论应有效回应公民诉求；而"两山银行"的建设初衷同样是合作共赢，实现"两山"转化，满足人民群众日益增长的美好

[①] 案例编写：尹则昕、莘思思、徐童榕、徐宁。案例编辑：张鹏。

生活需要。在治理架构层面,为了更好地提升组织的治理效率,整体性治理理论主张政府相关部门进行跨界合作;"两山银行"的组织结构充分调动了政府相关部门、企业以及村民等多方主体的积极性。在治理机制层面,整体性治理理论强调以协调、整合为机制,多方协作实现共同目标;而这种运行机制恰好与"两山银行"的运行机制相吻合,"两山银行"在经济发展、生态保护等多个领域进行协作治理,适应了"两山"理论的发展要求。在实现手段层面,整体性治理理论支持运用通信技术等手段提高治理效率;而"两山银行"同样是大数据的创新应用之一,"两山银行"平台通过对生态资源进行数字整合,在网站上对外招商引资,极大地提高了项目运行的效率。

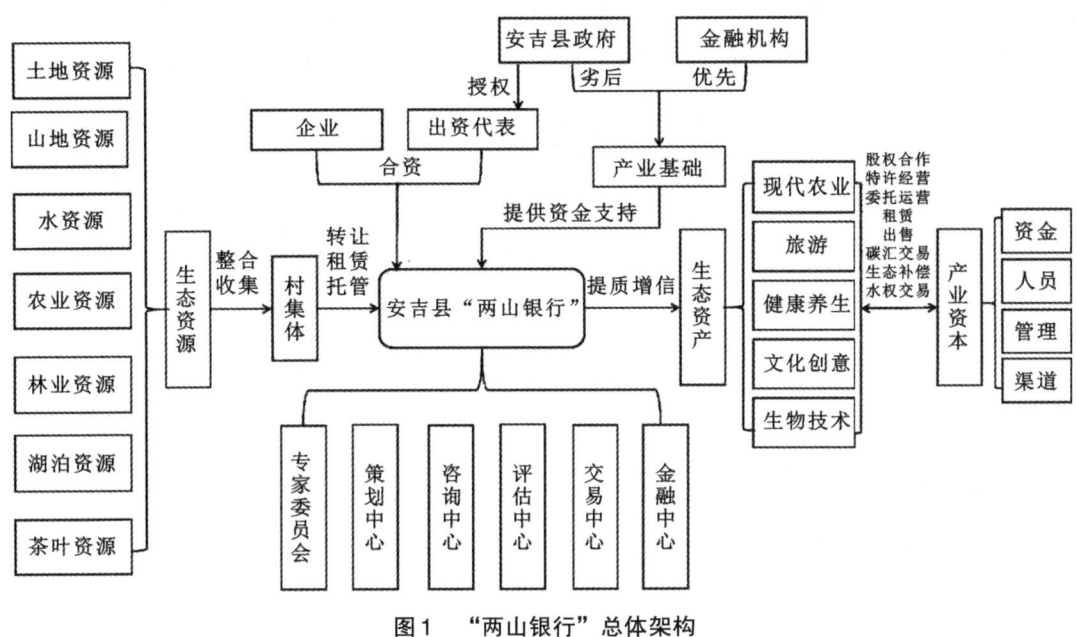

图1 "两山银行"总体架构

在相关理论的指导下,本案例根据实际调研情况,围绕整体性治理的治理理念、治理主体、治理技术以及治理机制,梳理"两山银行"的现存问题。从人民群众需求出发,以主体合作、机制深化、技术创新三方面为视角切入,探寻"两山银行"实现"两山"转化的路径。

二、案例内容

(一)实践探索

1. 安吉县

安吉县连续几年纵深推进"两山银行"创新改革,通过探索灵活多样的资源收储项目开发模式,创新推出以下四种典型模式。这些模式充分利用各村特色,较好地促进了安吉县的经济社会发展,极大地提升了群众的幸福感。

(1)"村集体+公司+农场"模式:以鲁家村为例

鲁家村开启美丽乡村建设之路,在"田园鲁家"项目的引领下探索发展出了"村集体+公司+农场"模式。

第一,村"两委"代表村集体负责协调整合各方资源。鲁家村充分发挥村"两委"主导作用,采用村合作社统筹的方式,以较低的交易成本实现了农村土地整体流转。村"两委"牵头,以股份经济合作社为主体,引导农户流转土地,将村民外出打工的抛荒地、低丘缓坡地流转到村股份经济合作社,再以较低的价格出租给家庭农场经营者。第二,公司负责旅游管理和市场营销。鲁家村采取公司的结构设计,设立了股东大会、董事会和监事会,建立了完善的股东大会制度。企业可以出资入股农民合作社,不仅为项目建设提供大量资金,也带来了先进的管理理念和专业技术,可以弥补乡村合作社各方面的不足。第三,农场负责各自生产和基础设施建设。鲁家村在全国首创了"家庭农场集群模式",18个独特的家庭农场按照功能区域划分,结合各自的发展定位需求,形成以农场为主要产业的主题农场聚集区,带动了整个地区的发展。"村集体+公司+农场"模式如图2所示。

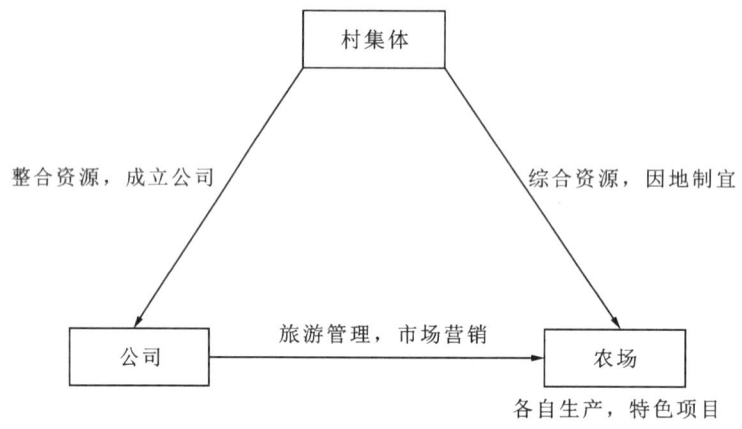

图2 "村集体+公司+农场"模式

(2)"公司+村民"联营模式:以景溪村为例

自2011年起,景溪村就以支部牵头、群众参与的方式,与众多公司进行了各种合作。2017年,景溪村和浙江安吉农村商业银行股份有限公司(以下简称农商银行)与浙江灵溪环保科技有限公司开展了合作,创造性地成立了两山绿币银行;同年又成立了安吉景溪绿岑文化创意有限公司,通过开发文化产品获得收益。景溪村主要在收集闲置房屋、开发文创产品、垃圾分类积分三方面进行创新,充分调动了公司和村民的积极性,完善了生态文明全民参与机制,让更多群众可以享受到生态建设的红利。

① 收集闲置房屋。景溪村将村民闲置的房屋统一收归，进行设计规划之后，委托给外地经营理念和发展思路良好的投资者来运营。比如，在山民文化街的改建过程中，景溪村和3名创客达成协议，以每年20多万元的租金将山民文化街中的20多间店铺租给对方，由他们统一经营。专业团队入驻后，将山民文化街划为安吉特产区、作坊区、烧烤区和面食点心区，投入100多万元进行装修、设备等方面的升级，营业时间也有了硬性规定，游客体验得到加强，因此经营得越来越红火。

② 开发文创产品。业态容易复制，但拥有商标的文创产品不会落伍。该村通过村股份经济合作社出资成立安吉景溪绿岑文化创意有限公司之后，再由村集体授权该公司申请了"景溪五福"商标，开发"五福饼""五福鸭""五福娃"等产品进行销售，所得收益双方五五分成。推出这些产品，也能让游客从文化方面感受景溪、宣传景溪。

③ 垃圾分类积分。景溪村实行最新的农村生活垃圾互联网信息系统管理标准。景溪村与浙江灵溪环保科技有限公司合作，每天早上会有专门的工作人员到农户门口扫描门上的二维码，将农户前一天分类好的垃圾进行称重拍照，再将信息录入专门的平台（见图3）。平台会根据垃圾类别和重量换算成不同数量的积分，自动转入农户账户，农户可以凭积分到丰收驿站或指定超市兑换礼品或抵现消费。

图3　垃圾分类回收平台

（3）"多村联创"模式：以孝丰镇为例

过去，孝丰镇的潴口溪村等南部村庄，虽各有资源，但十分有限，靠单打独斗一直没发展起来。一场"头脑风暴"过后，孝丰镇的发展思路豁然开朗，决定五村联合，把资源整合到一起，打造一个有山、有湖、有林、有溪、有田、有塘的综合体。2018年年初，孝丰镇启动了"五村联创"工程，根据横柏村与溪南村南部多山林，潴口溪村南部、溪南村北部与下汤村南部5000多亩良田连片，老石坎村与下汤村水资源丰富等特点，共同规划田园综合体，打造乡村大景区。

① 开发合作项目。潴口溪、溪南、横柏、下汤、老石坎五村携手创办"五谷丰登"公司，合作开发了"花园驿站"项目。通过这一项目，五村联合打造了"五谷丰登"品牌。"五村联营"模式走在乡村片区化、组团式发展的前列，带领五村百姓走上了共同富裕之路。

② 打造田园综合体。孝丰镇将把田园综合体建设成为"农业休闲观光、运动养生健康、农村电子商务、精品特色民宿"四产一脉、"溪南、潴口溪、下汤、老石坎、横柏"五村一带、"山湖林溪田塘"六位一体的极具安吉特色、面向全省示范的"清丽南溪美丽田园综合体"。

在"多村联创"模式下，孝丰镇的多个村庄得到了发展。潴口溪村将当地原有的一个鸭棚经过特色改造建成了当地有名的鸭蛋餐厅，湖面倒影和餐厅实体外形连起来成为一个鸭蛋，代表产业的孵化与创新，此外，其还将部分闲置土地流转过来创立了农创部落，不仅可以将收储的粮食和油菜进行贮存和加工，还可以作为农业培训场所。

（4）"飞地抱团"模式：以天子湖镇高禹村为例

天子湖镇作为一个"三农"特征尤为明显的农业乡镇，整镇推进是发展大势所趋、农业发展所求、"三产"融合所向。"飞地抱团"模式即在县、镇统筹前提下，将各村村办企业联合，它为天子湖镇的发展提供了一个绝佳的思路，可以将各村"低小散"企业获得的土地指标和资金整合起来，规划符合产业发展导向的强村项目，这既解决了偏远薄弱村"造血难"的问题，也解决了区位优势镇土地指标紧张的问题。

① 东西部一方发展、双方受益。乡村振兴联合公司成立之后，天子湖镇西部片区丰富的山水资源引来众多旅游项目，获得了很大的收益，与此同时，东部的村庄也可以通过"飞地抱团"模式共享收益；东部工业产业园的几个村通过建造职工公寓、小微产业园等实现增收，此时西部的村庄也可以通过出人、出力、出钱共享收益。

② 东西部优势互补、共同进步。东部示范区工业平台产城融合发展释放的红利，让园区周边村有了丰厚的资金储备；而西部各村山水资源丰富，人文底蕴深厚，但缺乏资金和资本投入。因此，东西部各村资金、资源互补，为互利双赢发展创造了无限可能。

③ 客观结合实际，合理引进项目。从2010年开始，高禹村结合当地实际，在不牺牲环境的前提下，发展出养老中心、敬老院、托养中心等众多养老产业，并在良好的农业基础上引进更加优质的农业项目，极大地带动了当地经济的发展。

2. 丽水市

(1) 建设"两山银行",赋予生态信用价值

一是启动生态信用体系建设。2019年11月,雾溪畲族乡在丽水市率先成立"两山银行",开发具有积分查询、扫码使用等功能的积分应用小程序,围绕环境卫生、五水共治、违建整治等形成生态信用积分正负面清单,组建"畲娘找茬团""'两山转化'评分团"等积分评价团队,构建了基层政府主导,社会组织、金融机构联动的生态信用工作平台。

二是实施生态积分金融应用。首创"两山贷",以雾溪畲族乡2018年GEP(生态系统生产总值)核实统计值为参考,由县农商银行授信11亿元,首创开发"两山贷"产品。购买该产品时,村民无须任何实物抵押,优惠利率与个人的生态信用直接挂钩,具有门槛低、利率低、放贷快的优点,仅发布当天就发放贷款60万元。推出"两山存",根据农户生态信用积分,推出农户理财产品,将生态信用积分划分为3档,一年期定期存款利率分别为黄金档2.025%、白金档2.1%、钻石档2.145%。

三是强化信用积分使用价值。雾溪畲族乡与商铺合作开展生态信用积分应用"两山兑"。2019年年底,首家位于雾溪村的"两山兑"门店顺利开业,群众可凭信用积分兑换油、盐、米等生活物品。同时,该门店在生态强村公司的支持下,向农户收购竹制品、土特产等,用于生态积分兑换和销售,有效推动生态产品价值转换。

(2) 坚持革绿出新,深挖价值转化潜力

建立健全生态产品价值市场化实现机制,优化整合生态强村公司、"两山银行"等主体,引进社会资本或专业团队,开展全域自然资源运营。加快"双招双引",加大政策倾斜力度,吸引优质企业和人才回乡。集成打造生态信用评价和生态监测数字化体系,不断拓展应用场景,形成全民共建共享的良好氛围。

景宁大均两山生态发展有限公司获得生态产品价值实现专项资金188万元,成为全市首个以GEP核算增量为依据、实施政府支付购买的成功案例。云和县也专门出台《云和县生态产品政府采购试点暂行办法》,分别向雾溪畲族乡、崇头镇"两山公司"支付首期生态产品购买资金58.45万元、208.46万元。

在由国家电投集团投资的丽水市缙云县大洋镇大平山光伏发电"农光互补"项目协议中,首次出现了"企业购买生态产品"条款:投资方与大洋镇"两山公司"协商,以购买项目所在区域的调节服务类GEP,分年度支付279.28万元,用于奖农民、优环境、美生态。

青田县首笔基于GEP核算的生态产品市场交易成功,杭州宏逸投资集团有限公司通过"两山银行"向小舟山乡"两山公司"支付300万元,购买项目所在区域生态产品。

3. 淳安县

淳安县以可再生的生态资源（如水、空气、阳光、植物等）为标的物，创新推出"两山银行"试点。淳安县着重从制度创新、金融创新、技术创新、经营创新、模式创新等五个方面进行探索。

第一，创新制度设计，盘活闲置资源。淳安县建立了绿色奖补机制和水权交易机制，并对农村闲置房源进行再利用。

第二，发展绿色金融，实现资本转化。淳安县采取旅游门票收费权质押贷款和公益林补偿收益质押贷款等措施，实现生态景区旅游资源向资本的价值转化。

第三，助力技术提升，探索更多可能。淳安县通过开发"保水渔业"、林下经济等新业态，切实保障各方面的生态平衡，例如杭州千岛湖发展集团有限公司依托千岛湖优质水资源优势，探索发展"千岛湖保水渔业"模式，以鱼护水、以水富民。

第四，优化经营管理，促使全民受益。淳安县通过品牌、景观和人才赋能，多方面地对生态资源进行价值转化。

第五，打造全新模式，成就特色淳安。淳安县通过开发"飞地抱团"经济模式和特色小镇模式等，展现淳安的特色发展格局；淳安县坚持生态为先、发展为要、民生为本、改革为重，深入践行"两山"理念，建设淳安特别生态功能区。

在"绿水青山就是金山银山"的理念指引下，淳安县留住了绿水青山、留住了美丽景观，也让绿色发展迸发出新活力。以下是淳安县两种典型发展模式。

（1）深化林改，造福百姓

① 深化林改，政府发挥主心骨的作用。早在2006年，淳安县就严格依据省政府提出的"谁投资、谁治理、谁管护、谁受益、谁拥有"的林权原则，明晰林地所有权，放活林地的使用经营权，扎实推进林权改革工作。2009年，淳安县明确提出了以林权制度改革创新为动力，强化金融、政策、科技、装备、人才和体制支撑，推动传统产业升级和产业结构优化，实现生产经营专业化、标准化、规模化的现代林业发展战略目标。

② 林改创新，走在全省前列。淳安县在开发金融产品、培育市场化经营服务体系、林改创新等多个方面都走在全省前列。2014年，淳安县先后成立行业担保公司和小额贷款公司，率先进行林业龙头企业、示范性专业合作社、家庭林场的认定工作。全县涌现大批包括种植大户、家庭林场、农林合作组织和林业公司在内的民营林业发展典型，形成了具有以大中型企业为龙头的"块状经济"发展特征、产业链不断延伸、产业附加值增加明显的区域特色林业产业集群。[1]

---

[1] 章富阳，方卫军.深化林改 盘活淳安山水资源[J].浙江林业，2019（4）：30-31.

（2）以鱼护水，以渔富民

近年来，浙江省淳安县大力践行"绿水青山就是金山银山"理念，不遗余力地保护千岛湖。淳安县建成了全国首个"特别生态功能区"。近年来，淳安县形成了独具特色的"保水渔业"发展模式，走出了一条"以鱼护水、以水养鱼、以渔富民"的可持续发展之路。

① 开展护水"保卫战"。一场护水"保卫战"在千岛湖全域系统展开。全面清退网箱养鱼，严厉查处非法采砂，实现千岛湖游船污水零排放。相关部门近10年来拒绝了价值300亿元的产业项目落地；2007—2012年，连续投入10亿元以上资金治理环境。如今，千岛湖水已是国家一级水体。

② 形成完整的产业链。"巨网捕鱼"成为千岛湖的经典旅游项目；"淳"牌（有机鱼）成为首个通过国家工商总局（现为国家市场监督管理总局）认定的活鱼中国驰名商标；以鱼文化为主题的鳌山渔村推出鱼市一条街和主题民宿。千岛湖的这条"鱼"也正在"游"入更大的"水池"，"一湖推十湖、十湖带百湖"，引领"保水渔业"模式在全国湖泊、水库复制推广。

③ 多样开发水资源。对于这一湖碧水，换一种喝法，产生的效益就会天差地别。在千岛湖啤酒加工车间，樱桃啤酒、精酿原浆、姜汁啤酒等个性化定制款啤酒整齐排列，等待销往全国各地。以"农夫山泉"等为代表的水饮料产业，正逐渐成为淳安县的支柱产业。截至2020年年底，淳安县的水饮料产业实现主营业务收入97.39亿元。

4. 衢州市

（1）"资本＋农民"模式：以常山县为例

2020年以来，衢州市立足实际、因地制宜，强化资源整合，以实现"两山"转化为目标，"两山银行"模式多点开花，推动生态资源向资产、资本高水平转化，有效激发了乡村发展动能。

① 创建"柚见80＋"高端品牌，实现"两山"转化。2020年11月，常山县"两山银行"成功注册"柚见80＋"高端常山胡柚鲜果品牌，由常山县农村投资集团有限公司全流程把控胡柚品质，提高销售价格。目前，该品牌已成功打开杭州、上海等地的鲜果销售市场。2020年以来，常山县"两山银行"集中流转胡柚林地2000亩，开展科学无公害种植，投资打造"柚见80＋"高端常山胡柚鲜果品牌，并统一收购2500吨胡柚，通过盒马鲜生、叮咚买菜等渠道销售，为农民直接创收近410万元。

② 搭建乡村资源数字平台，缩短投资周期。为了让生态资源在市场流通中实现溢价，将生态资源高质量地转化为经济发展优势，常山县用8个月的时间将各类已收储、

未收储的生态资源进行整理、归纳、包装、改造，然后对外招商。企业想要投资，根据地域、资源要素、数量等条件进行搜索，就能找到相关"标的"。如此一来，企业进行投资时就不需要一家一家地收储谈判，只需要和"两山银行"打交道，缩短了投资周期。

（2）"资源打包"模式：以衢江区为例

① 发放全省首张"两山银行"生态资源储蓄单。生态资源实现可储蓄、可入股、可抵押。2021年4月28日，衢江区莲花镇西山下村村民刘银祥收到了衢州衢江农业生态资源运营有限公司开具的"衢江区'两山银行'生态资源储蓄单"，这是该区"两山银行"发放的第一张生态资源储蓄单，也是全省首张生态资源储蓄单。此外，区"两山银行"会同区农商银行开发以储蓄单为依据的"两山银行"生态资源储蓄贷金融产品，制定出台《衢江区"两山银行"生态资源储蓄办法（试行）》。储蓄单可作为金融机构授信依据，为使用权人发展产业提供融资担保及增信服务。储蓄单的发放是变被动收储为主动存储、变沉睡资源为融资权证、变企业获利为农民增收的一次创新性的探索，是加快推进"资源变资产、资金变股金、农民变股民"、实现生态富民的一次重要尝试。

② 聚焦整村经营，着手政策"打包"。依托茶坪村优质的山、林、水、气、田及村落资源，衢江区"两山银行"按照"整村经营"理念，通过收储整合碎片化的农房、土地等资源，形成包含16栋闲置农房、20亩土地和山林、古村文化元素在内的招商"资产包"，着力打造以康养和中医药文化为主题的民宿群落。茶坪村通过参股分红、修建基础设施、提供就业岗位等多种形式，形成"收储—处置—反哺"利益闭环，让村集体、村民实现收益共享。

（二）治理成效

浙江省的"两山银行"实践探索推动其在生态环境、生态经济、政策体系、舆论生态等多方面取得了明显的治理成效。这里以安吉县为例进行说明。

1. 生态环境

截至2021年，在森林覆盖率方面，安吉县全年森林覆盖率超过70%；在大气环境治理方面，安吉县PM2.5浓度与PM10浓度两项指标排名均列湖州市第一；在治水方面，成功实现15个乡镇（街道）"污水零直排区"建设全覆盖，累计建设6条省级"美丽河湖"。

2. 生态经济

"两山银行"的建立,使安吉县固定资产投资增长13.1%,增幅稳居全市第一,绿色发展指数位列全省第十、全市第一。在浙江省第一批大花园示范县创建单位2019年度评估工作中,安吉县被评为唯一优秀典型示范建设单位。

3. 政策体系

早在2001年,安吉县就确定了"生态立县"发展战略;2008年开始"中国美丽乡村"建设行动,建立了"安吉标准";近年来,安吉县率先推出"两山银行"试点改革,进一步丰富了"两山"理念的实践载体,为"两山"理论提供了更多的实践经验依据。

4. 舆论生态

"两山银行"的实践是基于整个社会的生态文化逐渐形成的,并且渗透到居民的日常行为以及决策者、管理者的决策、管理行为中,真切地为居民服务,提高居民满意度,以此来构建整个舆论生态。

(三)问题难点

1. 主体参与被动,诉求无法满足

政府是"两山银行"的操作者,在具体实践中发挥着引领作用。但是,政府是一个科层制组织,存在官僚制度的弊端,同时,政府在参与"两山银行"项目的过程中有时会受到政策和法律的限制,难以兼顾政府、企业、村民等多个参与主体共同的利益诉求。企业是"两山银行"的支持者,在具体实践中发挥着不可替代的作用。企业作为社会主体,最重视的还是自身经济效益的增长,因此有时可能会忽视村民的利益诉求;且部分企业缺少自主灵活性,存在内部培训质量低下等问题。村民是"两山银行"的利益相关者,他们的参与对项目运行至关重要。但绝大部分村民缺少主动参与"两山银行"建设的意识,再加上政府相关部门宣传工作不到位,降低了村民参与"两山银行"项目的有效程度。从参与能力来看,村民的诉求很难在政府相关部门得到真正的反映,其对于政府和企业的监督权也难以得到有效的维护与保障。

2. 规划与现状不符,公私难以合作

生态治理共同体倡导促进社会、企业和公民等多元主体合作共治,对生态风险进行综合治理、修复。碎片化治理是指在治理过程中各行政部门的利益驱使和行政责权不同

导致的各自为政、互不通融，生态环境系统呈条块分割状态的一种治理模式。①治理层级的碎片化是指"两山银行"建设在跨层级协作治理中存在碎片化现象。浙江"两山银行"的实践开始于2019年，在时间上的规划还不是特别完善；同时浙江省包括许多县市，"两山银行"试点在空间上的规划也不够贴合实际。在治理体系中，只有不同的主体达成治理共识，才会使行动目标达成一致，然而行动主体在价值取向上存在差异，导致不同主体很难达成共识。②公私合作的碎片化是指在推进"两山"转化的过程中，公共部门、私营部门以及社会公众并没有形成统一的整合性整体，公私合作还存在很大缝隙。首先，私营部门追求个人利益最大化，容易走高耗能高污染的发展道路；其次，"两山"转化是一个长期的战略项目，投入大，回报周期长，私营部门不愿参与；最后，政府建设"两山银行"的决心受到私营部门的质疑。

3. 乡镇配合不足，运营模式僵化

整体性治理理论主张整合碎片化的生态资源，其中最大的困难在于乡镇部门配合度不高。目前，在"两山银行"运行的过程中，部分乡镇对于资源开发利用有自己的看法，因此参与度不高。具体原因包括以下几点：一是"两山银行"这一"中间商"使得乡镇主导权转移；二是乡镇对平台信任度不高，且"两山银行"项目的经济风险要乡镇自己承担；三是通过第三方平台运营，主导权移位，平台成为焦点，不利于乡镇扩大社会影响力和提升正面效应。此外，在具体的运行过程中，"两山银行"固有的运营模式存在一些问题，比如在现行法律制度下，土地的一级市场交易必须由政府来主导完成，企业无法直接交易，各主体之间信息交流不畅，村集体与企业之间没有及时沟通联系，村集体只能在未与投资商协商的情况下先在土地上修建建筑物，这可能导致所修建筑物不符合投资商要求，最后使得招商困难，此时村集体将自行承担额外修路等基础设施建设支出。

4. 技术不够成熟，资源转化率低

整体性治理在一定程度上取决于现代信息技术的发展。③目前"两山银行"平台的技术手段成熟度较低，呈现碎片化特征，主要表现为以下几点。一是技术人才缺乏。当前运营"两山银行"的人员没有经过技术方面的系统性学习，一般由政府相关部门公职

---

① 张青兰，吴璇.生态风险治理：从碎片化到社会治理共同体的转向[J].湖南科技大学学报，2021，24（5）：126-132.

② 张青兰，吴璇.生态风险治理：从碎片化到社会治理共同体的转向[J].湖南科技大学学报，2021，24（5）：126-132.

③ 陈娟.数字政府建设的内在逻辑与路径构建研究[J].国外社会科学，2021（2）：74-83.

人员或者外聘普通职工进行操作，在项目实践过程中缺乏专业知识的支撑。二是协作度不够。安吉县政府重视数字化改革，但其重点在于需求导向、问题导向、效果导向，在一定程度上忽略了平台内部各部门的协同合作，各部门在信息技术手段方面的协作几乎没有。平台已有的大数据系统只实现了针对生态资源转化部分环节的应用，鲜少涉及各部门各环节相互协作的具体规定，未实现"两山银行"内部一体化，降低了生态资源转化的效率。三是覆盖面不够广。从"两山银行"对生态资源的"调查—评估—管控—流转—储备—策划—提升—开发—监管"全过程工作机制来看，大数据技术手段仅在部分环节实现了应用，其他过程仍以人工为主，技术在全过程工作机制中覆盖度较低。这是上述几个模式普遍存在的问题，信息技术手段在寻找资源、对资源进行开发等环节的应用度极低。

（四）成因分析

1. 参与意识淡薄，参与能力不足

不同参与主体之间往往无法开展紧密的合作，各方各自为战，只顾自身利益而忽视对方利益，相互推诿责任。整体性治理理论主张政府相关部门进行跨界合作，充分吸收不同意见，然而政府相关部门在实际运行中，主要依靠自上而下的单向度、命令式、控制式的管理，因此不能广泛且有效地听取各方意见，企业和村民的意见和建议也自然无法得到充分满足。生态治理的参与机制主张加强企业的生态责任意识，然而企业往往对于项目的基本情况没有充分的了解，对于自身在生态环境保护和生态经济发展上的责任没有明确的认知。在生态治理体系中，人民群众起着决定性作用，拥有不可替代的社会地位，然而部分村民在"搭便车"等传统利己思想影响下，对于闲置资源浪费、垃圾污染严重等现象熟视无睹。同时，村民参与渠道比较窄，无法直接与企业合作将其闲置资源进行合理利用，且由于村民参与"两山银行"项目实践经验尚少，不利于规范和引导村民合法有序地参与"两山银行"建设。

2. 顶层设计不足，生态理念缺乏

浙江省"两山银行"的发展模式存在治理层级碎片化、公私合作碎片化等问题，究其根源就在于顶层设计不足和生态理念缺乏。具体分析如下：首先，由于浙江省是在中央规划安排下进行探索的，因此在安全平稳进行改革的同时，难以构建自己的特色、特效、特殊的改革创新蓝图。其次，生态环境治理需要政府、企业、公众和环保组织等多方共同努力[①]，整体性治理和协同治理是一脉相承的，在生态理念方面同样如此，但是由于当前民众、企业以及非营利组织发展生态经济的意识不足，参与度不够，因此在治理层级和部门方面都存在碎片化现象；最后，由于政府招商引资的准备不够充分，在招商引资前期，对外宣传和推广力度欠缺，政府和村集体并没有足够的渠道或路径对外进行宣传，从而导致公私合作的低效以及碎片化。

3. 运行机制不畅，制度建设落后

制度安排是集体行动的逻辑起点，制度理论在整体性治理中发挥着重要作用。[②] "两山银行"在实际运行过程中，仍存在机制和制度等治理失范的现象，其原因可以概括为以下几个方面。一是法律制度模糊。我国在环境治理方面的立法起步较晚，1989年才通过了我国第一部正式的环境保护大法——《中华人民共和国环境保护法》，虽然后续也出台了多部法律制度，但是相较于现实所面临问题的难度和宽度，法律所规范的范围还是有所不足，并且没有对主体之间进行职权的细化，导致执法过程更多的是自由裁量，导致一些问题无法可依、模棱两可，在与第三方平台合作时难免会因职权问题导致矛盾。二是管理模式不合理。现阶段我国实行的是政府直控式管理模式，这种管理体制的弊端主要表现在项目运行过程中各部门之间的关系上，乡镇为规避运用"两山银行"这一平台导致风险，更希望将自主权掌握在自己手里，因此"两山银行"平台作为乡镇政府与企业的中间机构，容易出现行政部门职能分割、合作不强、难以管理的情况，最终导致项目难以推动。

4. 人才培育力度不足，执行能力不够

人才是一个国家繁荣昌盛的重要推动力。[③] 整体性治理在实践层面突出地体现为信息技术驱动的政府数字化运行。[④] 在"两山银行"平台的运营过程中，存在技术人才缺乏和技术手段不完善等问题。归结起来，原因主要有以下几点：一是人才培育力度不足，"两山银行"的相关部门对技术人才的需求与培养产生矛盾，各个职能部门之间缺少协商沟通，招聘部门吸纳的人才往往不符合平台的实际应用需要，导致专业化人才缺乏，执行能力跟不上；二是技术手段不够，为了满足数字化改革的需要，平台将大量精

---

① 徐聪.公共选择理论与城市生态环境治理[J].合作经济与科技，2008（15）：124-125.
② 赵新峰，袁宗威.京津冀协同发展背景下雄安新区整体性治理的制度创新研究[J].行政论坛，2019，26（3）：51-61.
③ 林春丽.我国公共管理与服务人才培养探索——基于整体性治理的视角[J].领导科学，2011（23）：40-42.
④ 胡象明，唐波勇.整体性治理：公共管理的新范式[J].华中师范大学学报（人文社会科学版），2010（1）：11-15.

力注入数字经济建设中，追求数字赋能驱动高质量发展，却忽视了平台内部的一体化协同业务，整合能力明显不足，没有牢固树立"一盘棋"思想，覆盖面也有所欠缺，同时平台技术手段的碎片化问题也急需解决，以实现生态资源转化为经济效益的保护、开发、监管的全过程管控。

三、对策与建议

（一）提高参与意识，增强参与能力

浙江省发展模式的各个参与主体应持有相同的思想理念，追求共同的利益目标，并在运行过程中发挥自身积极作用，使项目运行趋向于一个整体，产生"1+1+1＞3"的效果。政府应积极听取企业和村民的意见。在相关政策方针制定的过程中，政府应积极采纳企业与村民的建议，及时解决企业与村民的难题，在多方合作中实现生态环境保护与经济发展兼得的价值目标。企业应保持尽职尽责的参与态度。在"两山银行"的运营过程中，企业需要转变落后的观念，明确自身在生态环境保护中的重要责任；同时，积极与政府、村民等参与主体进行协调与交流，实现多方合作共赢。村民应尽快提升自身的参与意识，在"两山银行"项目运行过程中，积极向政府或企业表达自身利益诉求，同时积极配合有关方针政策的制定与实施，对政府和企业的行为进行监督。

（二）完善顶层设计，推进公私合作

针对浙江省"两山银行"发展模式与规划不符合的现状以及公私难以合作的现实困境，本研究提出从政府规划、企业参与、培育理念三个角度来破解相应难题。一是以政府为主导，通过政府逐步放权，制定生态政策，统筹生态资源，组织协调各区域不同群体，在坚持已有发展思路的基础上，从实际出发，实现特色发展。二是以企业为主体，加强企业生态责任意识，强化企业生态治理的社会责任担当，使企业承担经济增长与保护生态环境的双重责任。三是以社会为整体，积极培育"生态兴则文明兴""良好的生态环境是最普惠的民生福祉"等基本民生观、生态观理念，在全社会形成高度的思想共识，并以此为纽带将多元治理主体紧密联系起来，形成牢固的生态治理共同体。

（三）疏通机制堵点，加强制度建设

整体性视角强调对整个区域内的公共事务进行综合治理，采取协作机制，首先要打

破各自为政的思想观念，建立互惠互利共同发展的新理念，同时制定共同的战略发展目标，集中优势力量，解决在自然生态环境资源方面的问题。[①]"两山银行"治理失范问题是一个综合性问题，只有多个参与方建立共同的发展理念，流于形式的合作才能通过整体性治理，实现生态经济化。完善政府协作机制、加强制度建设，主要包括以下几方面内容。一是建立健全法律体系，由于法律具有滞后性和普遍性，在新旧政策变更之际，要注意前后政策的连续性和一贯性，要根据生态环境的变化和经济社会发展的形势和需要，有针对性地调整政策，在因主体职权不分而出现生态环境破坏问题时，也可在主体之间进行职权的细化。二是完善利益补偿机制，可以通过政策性补偿，降低"两山银行"项目运营的风险，有针对性地解决利益诉求，解决乡镇政府的后顾之忧，让乡镇从被动转向主动，完善多方主体协调机制，调动参与各方的积极性，实现"两山"转化。三是强化全面监督机制，多元主体进行共同管理。各主体之间存在利益需求的差异，只有加强沟通，形成共同的利益诉求，才能真正达成协作共识。各主体可以通过社交媒体召开线上会议、大数据平台监督与管理等方式进行沟通交流，实现对"两山银行"平台运营项目的远程实时监控，及时提出疑问或者建议。

（四）实现技术整合，拓宽技术覆盖面

"两山银行"平台在技术手段方面存在人才队伍基础薄弱、执行能力不足等问题，可以通过以下方式解决。一是加强人才招收。从各大研究院、高校、技术型企业等机构和组织广泛招收拥有技术实践经验的专业人才，为"两山银行"的运行提供专业支撑，解决"两山银行"技术层面的问题。二是完善技术手段。通过大数据等新型技术手段搭建平台全过程工作机制，利用平台以及社会中可靠的信息系统加强部门协作，并在各级政府工作人员中普及"两山银行"平台的信息化技术，以此拓宽数字建设机制覆盖面，加强平台技术手段在基层的运用，并收集各级政府工作人员对于改进基层信息化手段应用的建议，便于及时改进，从而将技术手段普遍应用于每种模式，并为四种创新型模式提供力量。

📖 案例点评

随着我国城市化进程不断加快，经济发展与生态环境保护之间的矛盾日益突出。近些年，环境问题时有出现，人们对于平衡环境保护与经济发展之间关

[①] 冯布泽.基于整体性治理的京津冀地区生态环境协同治理研究[D].秦皇岛：燕山大学，2015.

系的呼声越来越高。安吉县是"两山"理论的发源地，其积极响应《国民经济和社会发展第十四个五年规划和2035年远景目标纲要》中"美丽中国建设目标基本实现"这一要求，探索出发展态势良好的"两山银行"经营模式，已然在生态环境、生态经济、政策体系、舆论生态等方面取得了明显的治理成效，实现了县域生态化转型。"两山银行"试点旨在通过碎片化整合、市场化运作、专业化运营等方式，突破生态产品价值实现过程中的诸多制约瓶颈，实现"存入绿水青山、取出金山银山"，为探索"绿水青山就是金山银山"转化路径提供浙江方案。邓利维提出的整体性治理强调治理是包括逆部门化和碎片化、重新政府化、大部门式治理、专业化、网络简化等在内的重新整合，以此为参照，该模式未来可在发展理念、经营项目、理论研究、技术手段等方面实现进一步发展，以形成可复制、可推广的生态资源变资产、资本的模式，从而充分发挥生态经济之力、展现生态文明之美。

（点评人：杨逢银 副教授）

协同治理视角下党建引领助力共同富裕的机制研究
——基于浙江省6个村镇共同富裕的发展模式调研[①]

一、案例背景

实现共同富裕是社会主义的本质要求。党的十八大以来,以习近平同志为核心的党中央不忘初心、牢记使命,团结带领全党全国各族人民,始终朝着实现共同富裕的目标不懈努力,全面建成小康社会,取得了伟大的历史性成就,特别是决战脱贫攻坚取得全面胜利,困扰中华民族几千年的绝对贫困问题得到历史性解决,为新发展阶段推动共同富裕奠定了坚实基础。2021年5月,中共中央、国务院发布《关于支持浙江高质量发展建设共同富裕示范区的意见》,正式赋予浙江省高质量发展建设共同富裕示范区的历史使命。浙江省委、省政府在《浙江高质量发展建设共同富裕示范区实施方案(2021—2025年)》中提出,要"率先基本形成更富活力创新力竞争力的高质量发展模式"。党建引领共同富裕、协同治理概念的提出,意味着地方政府、基层党组织、地方人民、企业之间的利益耦合,以及在共同富裕、协同治理上拥有更大的纵深治理空间,这既是实现共同富裕的现实要求,也是破解基层党组织多元协同治理难题的可行路径。然而,在协同治理框架下,当今社会的基层治理面临基层积极性不高、能力不足、缺少平台等问题。浙江作为中国革命红船起航地、改革开放先行地和习近平新时代中国特色社会主义思想溯源地,主动适应全球治理体系变革,坚持党建引领协同治理,带动经济、政治、文化、社会、生态文明"五位一体"发展,开启了高质量发展、建设共同富裕示范区的新征程。

二、案例内容

(一)党建引领乡村振兴

横坎头村位于宁波余姚四明山革命老区梁弄镇。抗日战争时期,浙东抗日根据地的

[①] 案例撰写:王思晨、方曼雅、郑欣宜、刘艺、金一博。案例编辑:张凤娟。

党、政等核心机构都设在横坎头村,因此该村享有"浙东红村"的美誉。2003年春节前夕,时任浙江省委书记的习近平同志到梁弄镇和横坎头村考察调研,对梁弄镇提出了建设"全国革命老区全面奔小康样板镇"的殷切期望,他强调只有老区人民富裕了,才谈得上浙江人民的共同富裕,只有老区人民实现了小康,才谈得上浙江真正实现全面小康,鼓励大家加快老区开发建设,尽快脱贫致富奔小康。横坎头村在省委、省政府的指引下,不断摸索合适的发展道路,因地制宜地创新发展模式,提炼出独具特色的发展经验。

一是以红色资源开拓经济发展道路。横坎头村是全国19块抗日根据地之一。漫步横坎头村,浙东区党委、浙东行政公署、浙东抗日军政干校、浙东报社等红色旧址坐落其中。充分挖掘自身红色资源,大力发展红色旅游,同时利用绿色资源、壮大特色产业。短短几年间,村庄面貌发生了根本性变化,村庄美如桃花源,"全国小康建设示范村""全国百个红色旅游经典景区""全国文明村"等荣誉接踵而至。

二是以党员示范带领村庄致富。农村党员是农民群众中的先进分子,是乡村振兴中的"排头兵"。全面推进乡村振兴,首先要调动党员这支队伍的积极性,让其充分发挥先锋模范作用,团结带领广大村民为自己的美好生活而奋斗。在村民对一些政策存有疑虑时,党员就带头示范。产业振兴是乡村振兴的物质基础。解决温饱问题之后,村民开始大胆创新,在红色资源的基础上,发展旅游支柱产业。由此看来,发展新型集体经济,关键是找准切入点,找到各方利益的平衡点。十几年来,遵照习近平的重要指示精神,横坎头村调整产业结构,发挥资源优势,走上了全面小康道路,相继被评为"浙江省全面小康示范村""全国文明村"等。2018年2月10日,横坎头村全体党员给习近平总书记写了一封信,分享发展成果和刚刚荣获"全国文明村"荣誉称号的好消息。2月28日,习近平总书记给横坎头村全体党员回信,勉励他们同乡亲们一道,再接再厉、苦干实干,结合自身实际,发挥自身优势,努力建设富裕、文明、宜居的美丽乡村。

党建引领共同富裕,小小山村日新月异。横坎头村贯彻落实习近平总书记的回信精神,按照"一年出形象、两年上水平、三年树样板"的要求,大力发扬艰苦奋斗、自力更生的老区精神,加强红色党建引领,发挥绿色资源优势,发展特色产业经济,做大做强红色旅游,不断壮大村级集体经济,培育弘扬良好乡风,成功实现打造革命老区全面奔小康样板村、乡村振兴样板村、新时代党建样板村的目标。

在浙江,除了横坎头村,杭州市小古城村也是从乡村振兴向共同富裕步步迈进的典型村庄。2005年,时任浙江省委书记的习近平同志率省、市、区主要领导来村庄调研;中纪委、中央办公厅、司法部、中国农村政策研究中心、中国科学院的工作人员及各省

(自治区、直辖市)有关领导也多次来村指导调研工作。小古城村以党建工作为引领，以创新机制为突破口，促进农村产业发展，切实推动了村级集体经济和社会各项事业的全面协调发展。在此过程中，小古城村党建特色工作发挥了重要作用。

一是依靠群众共议村庄事务。由于党建引领无法像科层制那样自上而下地以行政命令的逻辑来运作，因此需要通过有效的动员让多元主体及资源参与到社区事务的治理中。2005年1月4日，时任浙江省委书记的习近平同志来小古城村调研。时任村委会主任林国荣清晰地记得习近平同志对"三农"工作和基层民主政治建设的高度重视："他那会儿就提出，要加强基层民主法治建设，服务好'三农'，满足农民增收致富的要求。"

二是以制度保障村庄民生发展。近二十年来，小古城村党委充分尊重群众首创精神，发挥基层党组织的战斗堡垒作用，积极组织动员群众参与村级事务管理。每年年初，小古城村各组都会召开户主会，征求村民对本组和村里新一年重大民生项目建设的意见和建议。对于收集的意见和提议，村"两委"先行讨论，再经党员大会和村民代表大会讨论通过后进行公示、招标、实施。这就是小古城村的"制胜法宝"——"众人的事情由众人商量"的民主协商工作法。

在基层党建引领下，小古城村及其党组织先后获得了全国民主法治建设示范村、浙江省先进基层党组织、浙江省农村基层"五好先锋工程"党组织、党建强发展强浙江省"双强百佳"行政村、浙江省党风廉政建设示范村等荣誉。

(二) 党建引领基层治理

习近平总书记指出，一个国家治理体系和治理能力的现代化水平很大程度上体现在基层。浙江省杭州上城区的小营巷社区在党建引领下，把握自身定位，依托自身资源，结合社区总体环境进行管理体制的改革，有力地提升了社区治理效能。小营巷社区位于杭州市中心地带，截至2021年7月，社区党委下辖25个党支部，共有党员482人，是浙江省第一个地方党组织诞生地。自2011年7月时任国家副主席的习近平同志给小营巷社区党委复信以来，社区就一直牢记其指导意见——"珍惜荣誉，再接再厉，把社区建设得更加美好"，不断提高党建引领基层治理水平，大力构建共创共建共享的高品质社区。小营巷社区及其党组织先后获评全国先进基层党组织、全国卫生先进单位、全国文化先进社区、全国五四红旗团支部、浙江省先进基层党组织等荣誉，走出了一条具有"小营特色"的红色发展道路。

一是以人为本推进社区基础设施建设。小营巷社区一直坚持"以人为本，服务居民"的工作方针，在优化服务设施、开发社区功能、整治社区环境等方面取得了可喜的成绩。据小营巷社区书记曹琛介绍，依托小营巷党建主阵地，他们改造完善了小营街道党群服务中心，盘活了钱学森、郁达夫等名人留下的宝贵资源，将散落在小营巷的党史胜迹、名人故居和历史建筑串珠成链。在硬件建设方面，新辟（或修建、扩建）"五室、二站、一校、一场所"和调解室、科教文化中心等，总面积达1000平方米。区、街道投入巨资对小营巷进行改造，对两侧民居和银枪新村进行立面整治，对公园进行整修，对毛主席视察小营巷纪念馆进行翻建，打造了服务硬件功能化、城市设施现代化、社区环境景观化的全新小营巷。

二是以数字改革推进社区基层治理。在社区基层治理中，小营巷社区党委积极探索创新党组织领导下的治理理念和治理方式，不断加强社区队伍组织力和执行力，致力于打通基层治理"最后一米"。2019年小营巷社区党委牵头引入"红管家"一体化准物业服务，极大地提高了居民参与社区发展治理的积极性，切实增强了居民的认同感、归属感和获得感。"红管家"切实解决居民生活中的痛点、难点问题，在停车位拓展、弱电改造、屋顶漏水维修、地下管网改造等问题上广泛收集居民意见，满足居民多元化、个性化需求，得到居民"点赞"，让居民生活得更加美好、和谐、幸福。

三是深化精神内核，丰富社区文化生活。社区文化是社区建设的灵魂。加强社区文化建设，进而培育形成社区治理公共价值体系，社区治理将产生事半功倍的效果。一直以来，小营巷社区工作坚持"四有"精神，着力打造共建共治共享的"红墙门"生活共同体，实现需求征集、协商讨论、决议落实、监督反馈环环相扣，让惠民工程真真切切地服务于居民群众。抓好居民群众身边的关键小事，完善"红墙门"生活共同体，树立新风尚，传递正能量，带领居民群众共同参与治理，努力前行。

社区善治的本质是使社区居民公共利益最大化的过程。小营巷社区党委牢记习近平总书记的殷殷嘱托，切实加强社区党建工作，把社区建设得更加美好，同时发挥社区党委的"头雁"作用，做到"民有所呼，我有所为"，将社区基层治理落实落细，多条工作线并驾齐驱，真正实现基层工作"沉下心"、社区治理"高处走"。近年来，小营巷社区荣获全国模范居民委员会、全国未成年人思想道德建设工作先进单位、全国文化先进社区、全国青年文明社区、浙江省和谐示范社区、浙江省绿色社区等100余项称号。浙江省始终把加强党建引领、巩固党的执政基础作为贯穿社会治理和基层建设的主线，建立和完善社区"大党委"联席会议制度、区域化社区党建模式等，探索实施社区党组织、社会组织党组织、支部党员、居民党员交叉任职机制，构建了多维立体的"大党建"工作格局。

（三）党建引领山海协作

舟山背靠宁波、杭州、上海等大中城市以及长江三角洲等辽阔腹地，面向太平洋，具有较强的地缘优势和丰富的海洋资源。舟山市坚持打好"五大会战"、建设"四个舟山"主题主线，牢牢把握独特的地理环境和丰富的海洋资源优势，优化经济结构。

一是把握定位，发展特色海洋经济。舟山市委很早就做出了"六六决策"、"一个花园、四大基地"的城市定位以及"特色产业、城乡联动、环境优化"三大战略部署。早在2020年，舟山港域就跃升为全球第八、全国第一的加油港，推行快速筛查审批、中央管控、非接触式执法、打响国际海事服务基地品牌四项创新举措，通过优质的物资供应服务不断吸引外轮来锚地补给，促进锚地保税油加油量的大幅度提升。舟山在经济建设层面做出了突出贡献，打造了经济逆势上扬的新气象，促进了共同富裕的实现。舟山城市展示馆的一、二层主要介绍了舟山群岛建设从城市化起步阶段到城市化加快发展阶段再到城市化快速发展阶段的过程，如今，舟山市的公共服务、民生保障相关制度愈发完善。最突出的是舟山群岛对岛屿的定位，划分了海洋产业岛、国际休闲岛、国际物流岛、自由贸易岛、海上花园城等，清晰的认知与定位对中国（浙江）自由贸易试验区舟山片区的发展意义非凡。

二是目光长远，实现多方多面共同富裕。2002年，浙江正式实施山海协作工程。"山"即以浙西南山区和舟山海岛为主的欠发达地区，"海"即沿海发达地区和经济发达的县、市、区。其主要做法是以项目合作为中心，以产业梯度转移和要素合理配置为主线，通过发达地区产业向欠发达地区合理转移、欠发达地区剩余劳动力向发达地区有序流动，激发欠发达地区经济活力。之后，舟山加强与浙江西南部地区的合作，实现产业互补，共促经济发展。2015年，习近平总书记在浙江考察，来到舟山市定海区新建社区。新建社区依托自然优势发展乡村旅游等特色产业，村民生活可以说是今非昔比。他对村民说："这里是一个天然大氧吧，是'美丽经济'，印证了绿水青山就是金山银山的道理。"坚持党建引领，把村庄整治提升作为接续推进巩固拓展脱贫攻坚成果同乡村振兴有效衔接的核心之举。2019年，新建社区因为对"绿水青山就是金山银山"理念的坚守以及在乡村建设方面的创新与突破，有效减少了环境污染，被作为净零碳乡村案例之一写入我国同济大学与联合国人居署联合发布的《净零碳乡村规划指南——以中国长三角地区为例》报告，为全国乃至全世界净零碳乡村建设提供了样板。新建社区芦副书记这样说道："在以生态文化、休闲旅游产业为主的背景以及'碳达峰、碳中和'政策引导下，通过产业引领，帮助村民实现经济上的富裕；再根据村庄历史和语言文化，进行文化教育培训，将他们的精神需求提起来，实现双重富裕。"精神需求与物质需求的双重满足是共同富裕的目标，更是在实践中发展、在实践中坚定探索的长久道路。

浙江实施的山海协作工程是"八八战略"的重要组成部分，是新时代浙江省破解区域发展不平衡不充分问题、推动山区26县跨越式高质量发展的有效举措，也是浙江省推进共同富裕示范区建设的主要路径。浙江多地以山海协作模式进行创新和平台升级，实现技术、人才、要素等向山区转移，推动协作内容从传统梯度产业转移向创新成果转化落地加速转变，为浙江其他地区的发展提供了共同富裕的新样板。

（四）党建引领绿色发展

2005年，时任浙江省委书记的习近平同志在浙江安吉考察时提出"绿水青山就是金山银山"的重要科学论断。2017年10月，习近平总书记在党的十九大报告中强调坚持人与自然和谐共生的发展理念。2020年，习近平总书记再次前往安吉，走访余村进行考察；考察过程中，习近平总书记再次强调，要践行"绿水青山就是金山银山"发展理念，推进浙江生态文明建设迈上新台阶，把绿水青山建得更美，把金山银山做得更大，让绿色成为浙江发展最动人的色彩。2022年10月，习近平同志在党的二十大报告中指出，推动绿色发展，促进人与自然和谐共生。绿色发展的生态文明理念是习近平新时代中国特色社会主义思想的重要组成部分。新时代背景下，坚持党的全面领导，就要坚持党在绿色发展方面的引领作用，合理利用环境资源，走绿色可持续发展道路，改变以往将环境治理摆在治理末端的局面，逐步向全面贯彻绿色发展、可持续发展的方向转变。安吉余村作为"两山"理念的发源地，以绿为底色，以红促发展，走出了一条可持续发展道路。

一是坚持生态立县，真正贯彻落实"两山"理念。2017年6月27日，安吉县《美丽党建工作规范》地方标准在杭州发布，这标志着全国首个农村基层党建工作标准体系建立，安吉党建工作进入细化党规引领党员言行的新阶段。《美丽党建工作规范》包括思想建设、组织建设、队伍建设、服务群众和作用发挥等5个部分，附有党群服务中心、党小组之家、群众说事室等23项具体建设指标，旨在以标准化助推美丽党建规范化建设，进一步发挥基层党建先锋引领作用，提升美丽党建科学化水平，为加快建设安吉美丽乡村提供坚强的组织保障。时任安吉县委常委、组织部部长吕立指出："群众观点是我们党最基本的政治观点，群众路线是最根本的工作路线。《美丽党建工作规范》中列入的一个很重要的章节就是服务群众，体现了我们'美丽党建'的最终落脚点，也是一切惠民工程的基础。"近年来，安吉坚持践行"两山"理念，深入推进绿色发展，不断探索"绿水青山源源不断带来金山银山"的方式和路径，以党建引领发展，实现生态保护和经济发展的双赢。

二是在党建引领下，大力发展绿色经济。余村利用自身毗邻长三角主要城市的优势，积极创办农家乐以及旅游公司，吸引杭州、上海、南京、苏州等地的游客前来游玩。2019年,安吉县全年生产总值404.32亿元,比上年增长8.3%。竹产业以全国1.8%的立竹量创造了全国20%的竹业产值,白茶产业带动20万人致富,打造全域旅游,接待国内外游客2304.5万人次,实现旅游收入324.7亿元。安吉余村坚持生态保护与经济发展并重,努力打造"两山"理念的安吉实践样本,满足广大人民群众对于美好生态环境的需求,提升人民群众的获得感、幸福感。浙江作为新时代全面展示中国特色社会主义制度优越性的重要窗口,在探寻绿色发展的道路上先试先行,既要金山银山又要绿水青山,让绿水青山变成金山银山。在中央和浙江省委、省政府的指示下,浙江各地高度重视生态文明建设,把美丽浙江作为可持续发展的最大本钱,深化发展生态保护与经济发展的辩证关系,将"两山"理念付诸实践,成为千万群众的自觉行动。

(五)党建引领数智发展

随着信息技术的发展,互联网、云计算、人工智能及5G等数字技术被广泛应用于经济社会各领域。数字技术与实体经济加速融合,推动数字经济影响范围不断扩大,助推新消费、新制造、新服务的拓展。数字技术与党建工作相互渗透,一方面党建工作依靠技术手段提升自身效率,另一方面数字技术革新时坚定不移地坚持党的领导,加强数字技术领域党的建设,为数字产业健康发展创造了良好的环境,实现了我国先进技术的提高以及经济的高速增长,不仅对经济社会发展带来深远影响,而且创新了党的建设方式。结合杭州市云栖小镇以及杭州数字经济党群服务中心的发展经验,总结出如下党建引领数字发展、数字赋能经济建设的实践路径。

一是促进经济与数字技术的融合。时任浙江省委书记袁家军指出,各地各部门要准确把握数字经济发展新机遇,积极应对数字产业链短板等新挑战,善于危中寻机、化危为机,以技术推动、产业带动,一体化推进政府、经济、社会数字化转型,形成数字赋能驱动高质量发展的浙江方案。以杭州市云栖小镇为代表的浙江数字经济已走在全国前列。2020年3月,习近平总书记来到杭州城市大脑运营指挥中心。在考察过程中,他提出,让城市更聪明一些、更智慧一些,是推动城市治理体系和治理能力现代化的必由之路,前景广阔。云栖小镇牢记习近平总书记的殷殷嘱托,坚持发展特色、改革创新,注重人才引进与文化培育,全面推进小镇2.0版建设,建强城市大脑,全面促进云创、科创的融合,建设数字经济突破地、实践地和触媒地,奋力打造全国数字经济第一镇。

二是实现党建与数字技术的良性互动。数字经济党群服务中心通过阵地联动发挥党建效应,根据"党建引领数字经济、数字赋能党建工作"的功能定位,积极探索建立数字经济行业党建信息系统模块试点,以党群服务中心为核心,联动未来科技城三大党建圈（梦想小镇党委余杭塘河党建圈、阿里巴巴集团总部文一西路党建圈、华立集团党委五常大道党建圈）和利尔达、微脉等10多个数字经济企业党建示范点、党群驿站，通过一核中心、三圈联动、多点开花，充分发挥数字经济党建辐射影响作用，开展"三服务"（服务领导、服务基层、服务群众）工作。同时，以数字化党建助力企业发展，发挥数字经济集聚区的优势，打造"数字经济＋党建"的策源中心、孵化中心、服务中心、协同中心、传播中心，推动党务工作数字化。此外，大力推行"强化数字管理理念，优化党建组织架构；强化数字技术运用，优化党员教育管理；强化数字企业帮扶，优化产业发展生态；强化数字信息服务，优化企业服务保障""四强四优"工作法，提升党建工作效能，助力数字企业快速发展。

近年来，浙江省坚持以数字化改革为牵引，深入贯彻落实"数字浙江"建设的重大决策部署，全面启动数字化改革，努力从整体上推动省域经济社会发展和治理能力的质量变革、效率变革、动力变革。浙江省依托数字优势，用数字化改革驱动党政机关整体智治，用数字化改革驱动经济高质量发展，用数字化改革驱动高品质公共服务，用数字化改革驱动省域治理现代化，走出了一条数字文明建设的新路子。

浙江省党建引领下的五维共治助力共同富裕系统框架如图1所示。

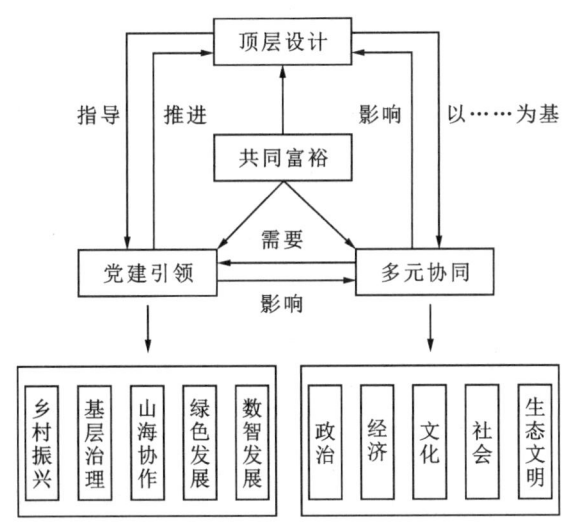

图1　浙江省党建引领下的五维共治助力共同富裕系统框架

三、发展思路

（一）做好顶层设计，厘清建设思路

纵观中国共产党的百年历史，我国经济社会之所以能够不断发展，之所以能够创

造举世瞩目的伟业，恰逢其时的顶层设计是一个关键因素。做好顶层设计需要从全局的角度出发，通过有逻辑性的系统性的分析，运用有效的方式方法，对某项任务目标或者对某个项目进行全方位、多层次的统筹规划，利用有效资源，为实现目标提供动力支持。近年来，浙江省以"八八战略"为核心，走出了一条特色发展之路。2003年，时任浙江省委书记的习近平同志做出了"发挥八个方面的优势""推进八个方面的举措"的决策部署，即"八八战略"，以期推动浙江省实现全面小康。2007年6月，中国共产党浙江省第十二次代表大会提出，要坚定不移地走创业富民、创新强省之路；2012年6月，中国共产党浙江省第十三次代表大会召开，确立了努力建设物质富裕精神富有的现代化浙江的奋斗目标；2014年5月，中共浙江省委十三届五次全体（扩大）会议通过了《中共浙江省委关于建设美丽浙江创造美好生活的决定》，明确指出"建设美丽浙江、创造美好生活"；2017年6月，中国共产党浙江省第十四次代表大会指出，高水平全面建成小康社会、高水平推进社会主义现代化建设；2020年，浙江省进一步提出打造高水平建设和高质量发展的重要窗口，并争创社会主义现代化先行省；2021年3月，中央支持浙江高质量发展建设共同富裕示范区，一步步地向共同富裕迈进。

在沿着"先富—后富—共富"道路前进、追求共同富裕的过程中，源于分配不公的现实，基于马克思主义理论、中国传统共享思想和国际"包容性增长"理念的思想基础，以习近平同志为核心的党中央提出了"共享发展理念"这一重大的全新顶层设计。共享发展理念在"先富—后富—共富"道路的相互差异中提供辅助和支撑，推动共同富裕目标的实现。同时，在探索共同富裕的道路中，从开始的强调经济发展到后来的注重精神文明和物质文明共同富裕，浙江省始终以人民群众为核心，打造共同富裕示范区，社会协同治理也不断推进，形成了党建引领下较为鲜明与完善的社会准则、社会秩序、社会功能和社会特征，在政治、经济、社会、文化、资源环境等外部因素影响下，共同富裕协同治理的顶层设计指导着社会多元主体协同共进、目标耦合。

（二）提升多元主体协同能力，构建共同富裕协同模式

在社会结构复杂化、利益多元化、发展速度加快的形势下，由于社会治理共同体公共性不足，因此治理主体参与度不高，公共政策供给的效能受到影响。社会发展、转型的深入与协同共治系统中多个主体关系的复杂性、关联性呈现正相关关系，当前面临的诸多矛盾与失衡等问题亟待多元主体通过协同治理逐一解决，这使得以有效的社会治理推动共同富裕的实现成为具有现实意义的路径。

共同富裕发展收敛性的不足、质量的缺失、共享和可持续性方面面临的一系列挑战造成的现实社会复杂性和多样性需要通过多元化的社会主体建立社会治理的协同机制，在复杂的社会治理活动中通过高度协同来促进共同富裕进程的有序推进。而基层党组织、政府、企业、公众这四个主体之间需要形成相应的秩序，以实现社会治理的整体效果。作为社会治理的直接参与者，多元主体在社会治理与社会生活中表现出鲜明的差异性。治理职能、权力来源、运行向度在这些主体之间不尽相同，在利益诉求和选择偏好等方面也存在明显差异：党委把控总体原则和方向，对社会治理进行顶层设计，在宏观上把握社会治理的整体效能；政府着重促进社会公平正义，发展公共利益，提供公共服务；企业遵循公平竞争的市场机制，追求高效率和高质量发展；公众作为社会治理的最基本成员，是社会治理的直接参与者和成果享有者，期望自身权益得到保障，获得感、幸福感、安全感不断提升。以这种秩序为核心的整体协调模式使得多元主体之间发生耦合作用，最终使得多元协同共治系统的整体功能成倍增强，这在实现社会治理协同效应的同时，构建了共同富裕协同模式。

（三）聚焦党建引领，创新协同模式

党建引领是中国特色，是中国能够在短短几十年时间里实现从站起来、富起来到强起来的主要原因，也是浙江省建设共同富裕示范区沿着正确方向前进的坚强保证。在"五位一体"总体布局（经济建设、政治建设、文化建设、社会建设和生态文明建设五位一体）的指引下，党建元素也深入浙江省发展脉络，引领发展的浪潮向着共同富裕不断靠近。在"五位一体"总体布局的路径基础上，"八八战略"对浙江发展进行了系统性谋划和顶层设计，党建引领使得浙江省的发展与改革有足够的动力。针对党建引领与政策执行融合度不足的状况，在党建引领理念指引下，创建有协同治理的大服务取向、有组织保证的大整合架构，积极打造党建引领有力、党员群众共治、成果全民共享的治理格局，以创新的思维、开放的视野、丰富的形式推动党建引领、助力共同富裕建设。

浙江省坚持多元主体、协同创新，在党建引领下，不断探索共同富裕新道路。基层党组织、企业、政府、公众这四个主体之间构成的秩序是党建引领下的共同富裕协同治理模式。党建引领为各主体之间的协同提供了方向上的指引，以不同区域特殊多元协同共治系统的不同情境为基础，因地制宜地引领多主体产生耦合作用，构建的多层次、精准化社会协同模型创新了治理模式，在党建引领下助力共同富裕的实现。

 案例点评

实现共同富裕是社会主义的本质要求。对于浙江而言,在建设共同富裕示范区的进程中,需要在经济高质量发展、收入分配制度改革、公共服务优质共享、城乡区域协调发展、社会主义先进文化发展、生态文明建设、社会治理等领域先行先试。从现状来看,我国许多基层党组织存在"重建设、轻治理"的问题,往往把大部分精力放在经济建设上,在其他维度的建设上还缺少相应的匹配机制。俞可平教授在《治理与善治》一书中总结了"治理"的四个特征,并指出:治理不是一整套规则,也不是一种活动,而是一个过程;治理不是一种正式制度,而是持续性的互动。因此,党建引领共同富裕的治理问题不应仅被视为一种立足于责权明晰与任务限定的利益相关主体间的"机械整合",而应被视为一种多元利益主体在共同利益驱动下的"集体协同"。从系统层面有效协同党建引领共同富裕的利益主体、构建协同的集体行动框架是实现共同富裕的关键。总之,要实现共同富裕,就不能停留在理论和哲学思维层面的探讨,而要实现理论和具体制度设计的衔接。

(点评人:俞快 讲师)

社会保障

新型养老模式探索:"时间银行"
——以杭州市拱墅区为例[①]

一、案例背景

当下社区养老作为一种新型养老服务模式,仍然存在诸多不足。政府主导下的社区养老服务由于经费限制,主要针对"三无"老人(指无劳动能力、无生活来源、无赡养人和扶养人的老年人),而大部分老年人仍然由家庭成员赡养。市场主导下的社区养老服务具有营利性质,收费较高,往往只有高收入老年人才能负担。除此之外,人力资源短缺也是社区养老面临的一大困境。志愿者服务机制的建立可以有效解决上述问题:一方面,志愿者服务机制的非营利性质使得更多有需要的老年人可以享受养老服务,促进养老服务均等化;另一方面,志愿者服务机制通过鼓励低龄老年人和青年人等社区成员参与,解决人力资源短缺问题,推动实现更优的供需匹配。同时,低龄老年人的自我实现需求也能通过帮助他人得到满足,获得成就感、满足感和幸福感。

"时间银行"互助养老模式是由民政部门牵头,以社区为主要依托,以志愿服务为主要手段,采取互助形式,以老年人为主要服务对象,为老年人提供精神慰藉、日常生活照料等服务,服务以时数累计,为服务者今后养老提供可兑换同等时数服务的养老模式。[②] 20世纪末,"时间银行"模式开始在我国兴起,但是由于人们对其概念和优势缺乏了解,绝大多数人对于参与"时间银行"持观望态度,这使得"时间银行"的推广和实施面临重重困难;此外,当时我国的大多数地区,志愿活动的氛围相对淡薄,信息传播滞后,很多人对于"时间银行"可以说是闻所未闻。因此,许多"时间银行"实施不久就"夭折",从而导致国内"时间银行"一直未能遍地开花。为了缓解中国社会日益严重的人口老龄化问题,2019年4月,国务院办公厅发布《关于推进养老服务发展的意见》,提出积极探索"时间银行"等做法。之后,全国各地开始加快推进"时间银行"养老志愿服务体系构建工作。

[①] 案例编写:陈一文、汪星雨、余佳莹、张淑紫、陆慧芳、陈玮婧。案例编辑:张凤娟。

[②] 李建伟,吉文桥,钱诚.我国人口深度老龄化与老年照护服务需求发展趋势[J].改革,2022(2):1-21.

"时间银行"互助养老模式是一种全新的、有偿的志愿活动，它包含广义和狭义两个层面。从广义上来讲，"时间银行"互助养老是指各种不同年龄阶段的志愿者，积极参加养老志愿服务活动，待自己老年时就可以享受同等时数的养老志愿服务；从狭义上来讲，"时间银行"互助养老是指低龄老年人为高龄老年人提供志愿服务，待自己年老需要服务时即可享受同等时数的养老志愿服务。"时间银行"互助养老的服务内容覆盖老年人的日常生活，既包括医疗、法律、心理咨询、文化教育等专业服务，也包括精神慰藉、聊天、日常生活照料、代购生活物资、指导如何使用微信或网络等日常服务。

由中国红十字基金会委托北京大学人口研究所编写的《中国时间银行发展研究报告》指出，"时间银行"是中国积极应对人口老龄化的第三条道路，是打造共建共治共享社会治理格局的重要工具，在第三次分配背景下，"时间银行"将对扩大志愿服务、推动慈善公益事业发展发挥探索性作用。

二、案例内容

（一）实践探索

2019年，杭州市民政局正式印发《杭州市养老服务"时间银行"试点工作方案》，在拱墅、滨江两区开展为期一年的"时间银行"试点，建立了线上信息化管理系统与交换过程双向选择、双向评价，服务机构评优评级的机制管理规范，实现服务需求和资源的线上线下精准对接。2019年4月，拱墅区正式出台并开展养老服务"公益银行·阳光积分"项目试点实施方案，试图建立以"阳光币"为媒介的存取规则和激励机制，实现志愿积分"全域通存通兑"，以米市巷街道、小河街道、拱宸桥街道、和睦街道四个街道为试点，推动拱墅区"时间银行"建设的进一步发展。在政府的引导下，2021年，拱墅区和睦街道华丰社区的"时间银行"已经初具规模。

图1是拱墅区和睦街道华丰社区巧媳妇"时间银行""存折"的积分收支明细。例如，"毛娘"于每月8日定期开展义务理发活动，社区工作人员将其服务时长兑换成相应的积分，储存于"时间银行"之中，待有需要时，这些积分可用于兑换相应服务或实物奖励。2021年春节期间，"毛娘"由于年龄大，行动不便，用储蓄积分兑换了一次春节家政服务，切实解决了现实问题。

拱墅区和睦街道华丰社区是一个典型的老旧小区，老龄化问题比较严重。据了解，早在2010年，华丰社区便开始探索以"今天我服务你，明天他服务我"为主旨的志愿者服务模式，依托社区志愿服务"金字招牌"——巧媳妇志愿服务团队，推出了巧媳妇"时间银行"，通过引导志愿者互相帮助、助人自助，吸引更多力量参与社区志愿服务。

图1 和睦街道华丰社区"时间银行""存折"

自2019年4月24日拱墅区颁布《"公益银行·阳光积分"项目试点实施方案及积分兑换细则》以来，拱墅区和睦街道华丰社区不断突破创新，完善"时间银行"互助养老体系。根据实施方案规定，"时间银行"的流通货币为"时间"，社区工作人员将遵循"时间银行"平台规定，以1小时为一个服务时间单位，以时间币的方式进行记录存储，即1小时等于1个时间币，时间币转化为对应积分存入"时间账户"。这些积分可用于兑换相应服务或实物奖励。社区鼓励低龄老年人为高龄老年人服务，换取"时间银行"积分，以实现助人自助。

拱墅区某社区的积分兑换规则如表1所示。

表1 拱墅区某社区的积分兑换规则

开通规则	只要您在拱墅区阳光大管家平台或微信公众号注册，成为拱墅区养老服务志愿者队伍的一员，就可参与该阳光积分兑换
积分组成	积分由阳光积分与公益积分两部分组成
阳光积分	
1.分为活动积分和消费积分（限60周岁以上老人）	
2.活动积分即鼓励老年人每天去"阳光老人家"站点参加各类活动	
3.非专业、常态活动半天积1分（不重复积分，每天最高积2分）	
4.专业、非常态活动活动半天积2分（不重复计分，每天最高积4分）	
5.消费积分即老年人通过定制有偿服务累积的积分，10元积1分（每天最高积10分）	

续表

公益积分（年龄不限，注册志愿者才能积分）
1.非专业活动每次积2分（不重复积分）
2.专业活动积每次3分（不重复积分）

此外，"时间银行"里的积分使用相对灵活，不仅可以自己使用，还可以转移给父母、兄弟姐妹，也可以转移给其他志愿者或社区困难群众。同时，社区会针对弱势群体免费发放一定数量的时间币，这些对象主要是无能力进行时间储蓄但又需要志愿者提供服务的困难、残疾、孤寡老人。同时，为解决社区财力有限的问题，社区积极推动福利发放主体实现多元化，动员企业为这类人群购买时间积分。企业也可以通过提供商品实物、服务体验、折扣优惠等方式进行公益宣传，这不仅能提升企业声誉，还能拓宽用户来源，构建企社共建共享、双向互利的模式。

随着居民参与规模的不断扩大、居民服务需求的不断提升，拱墅区和睦街道华丰社区将垃圾分类、平安守护、疫情防控等志愿服务扩充到"时间银行"的积分兑换中。社区以自身实际情况为出发点，结合时代大趋势，不断探索、拓宽"时间银行"业务，增强其实用性；开设储蓄积分转让系统，增强体系灵活性；让无能力进行志愿者活动的居民也能够获得积分，完善保障机制。"时间银行"互助养老模式不断完善，现在华丰社区已经形成"助人自助"的文明风尚，邻里互助创造幸福生活。

（二）实践成效

1. 服务体系：助力家庭缓解照护压力

现阶段社会老龄化问题严重，社会和家庭的养老压力增大，部分普通家庭难以负担养老机构的费用。养老机构的收费标准因护理等级、地域差异、不同养老院有所不同。从十二城市数据来看，被访养老机构平均收费为每月2134元[①]，其中，公办养老院因享有补贴，收费低于民营养老院，但公办养老院资源严重缺乏、床位奇缺。在选择民营养老院时，养老负担较大的家庭会重点考虑经济压力。

"时间银行"互助养老模式的应用较好地解决了家庭小型化带来的家庭难以承担全部照料责任、社区养老供需不平衡等问题，是对传统养老服务体系的重要补充。传统养老方式以家庭照料为主，家庭成员承担较大的经济和医护照料压力，而"时间银行"互助养老模式以社区为主体，与传统的居家养老冲突不大，同时将照顾老年人的部分责任由家庭转移到社区，对于缓解代际矛盾起到一定的积极作用。

---

① 吴玉韶，王莉莉，孔伟，等.中国养老机构发展研究[J].老龄科学研究，2015，3（8）：13-24.

2. 乐存爱取:拓宽志愿服务参与方式

"时间银行"互助养老模式拓宽了志愿服务的领域,扩大了志愿服务的参与者,有效促进了第三次分配和慈善公益的发展。

"时间银行"与其他志愿服务项目的区别在于其具有回报性。对于志愿者而言,服务时长会被累计存储下来,在未来有需要时可以免费或以极小的代价兑换他人对自己的服务,即为他人服务就是为自己服务。"时间银行"创新了志愿服务的方式和服务的范围,提高了志愿服务的吸引力,同时,"时间银行"为低收入群体共享基本养老服务提供了创新机制和平台,有利于促进养老服务均等化,助力实现共同富裕。

3. 老有所为:满足老年人社会参与需求

"时间银行"互助养老模式在需求视角下满足了老年人自我实现的需求。刚退休的低龄老年人还具备继续工作的能力,而在传统助人为乐的文化熏陶下,大部分老年人都有为别人服务的热情。对于这些低龄老年志愿者而言,从事志愿服务也有助于排解其退休后生活的空虚,增加与他人接触的机会,避免出现心理问题。

同时,"时间银行"互助养老模式的服务激励机制能够积极引导老年人参与社区互助养老行动,对于享受服务的老年人而言,在获得照料的同时,能够满足自身生理或心理上的需求。总之,"时间银行"互助养老模式通过发挥老年人和志愿者的主观能动性,强调居民间的互帮互助,增加了老年人的社交活动,有利于老年人身心全面健康发展,并帮助低龄老年人实现老有所为,体现其个人价值。

4. 知疼着热:创新社区养老服务模式

"时间银行"的运行机制与"共建共治共享"治理格局具有内在一致性,也蕴含创新社会治理体系的具体要求。"时间银行"作为社会治理的载体,成为实现养老服务乃至更广阔社会服务的供给侧改革路径之一,是促进积极老龄化以及公益资源整合的有益尝试。"时间银行"互助养老模式作为人类互助和社会治理体系的创新实践,其应用领域将从互助养老向社会治理方向发展。基于大数据和信息化的"时间银行"也必将成为国家治理体系现代化的重要组成部分,为打造共建共治共享的社会治理格局提供新的路径支持。[1]

---

[1] 陈功,索浩宇,张承蒙.共建共治共享的社会治理格局创新——时间银行的可行路径分析[J].人口与发展,2021,27(1):16-24.

(三) 现实困境

1. 推广力度与民主互惠意识薄弱

通过电话访谈和实地调研，团队成员发现公众对于"时间银行"的了解程度很低。虽然目前杭州市拱墅区进行了"时间银行"的试点工作，但由于推广力度不够，普及宣传不到位，公众的认知度并不高。米巷市街道、半山街道、大关街道、湖墅街道、上塘街道、祥符街道等拱墅区其他街道，了解该项目的工作人员不多，甚至有很多人表示没有听过"时间银行"。

"时间银行"本质上仍属于志愿服务领域，但因为"银行""互助"等词较为敏感，容易使公众产生误解，从而对"时间银行"互助养老模式产生疑惑。调研发现，2021年之后，拱墅区的大部分街道已不再对"时间银行"进行宣传，与高校、社会组织等不同群体举办的宣传推广活动也鲜少出现。因为宣传力度不够、宣传范围有限，宣传效果不佳，公众的知晓度、参与度不高。

2. 民众互惠互助意识不强

"时间银行"互助养老模式旨在培育民众的互助意识，通过提供志愿服务，为将来储存养老服务资源。其不以市场货币作为交换条件，而是致力于形成互帮互助、互惠互利的良好社会氛围，具有明显的公益特性。然而，受社会环境、传统观念等影响，民众对"时间银行"的认可度并不高。通过阅读文献和实地调研发现，民众对"时间银行"的认知有些许偏差，有人认为"时间银行"就是简单的邻居之间互帮互助，也有人认为这是人情味的体现，不应该要求回报，虽有互帮互助，却完全没有使用时间币的情况。人们产生这些认知偏差的原因主要是政府相关部门对"时间银行"互助养老模式宣传不多、推广范围较小、重视程度不够。民众对"时间银行"互助养老模式存在观望、排斥态度，甚至完全不了解。较低的社会认同感大大限制了民众参与的热情和互动，从而导致参与的志愿者、老年人数量不多，成为制约"时间银行"互助养老模式可持续发展的要素之一。

3. 未建立健全制度框架

团队成员在电话访谈和实地调研中了解到，招募志愿者的任务主要在微信群发布，尽管部分社区（比如阳光老人家）仍在运行"时间银行"互助养老模式，但街道社区并没有建立成熟的兑换规章制度，也没有清晰统一的积分兑换标准，更没有具体的运行平台，导致制度不清晰、兑换机制不科学。同时，"时间银行"主要依托社区、街道、养老中心等组织运作,各运作主体相互独立,导致各区"时间银行"的积分兑换机制有所不同,从而出现服务的规范程度不同、监督体系不同、兑换比例不同等问题。

4. 适老化产品缺乏老龄视角

"时间银行"项目依赖于最基本的设备——手机,但在老年人群体中,电子产品持有率低,老年人在互联网基础设施的接触与使用等方面与年轻一代有着巨大的差异。老年人使用非移动互联网和移动互联网的比例均明显低于年轻人,且老年人的电子产品拥有率及接入率低、使用功能简单,多数难以涵盖当今日常生活的必要应用场景。

三、对策与建议

(一)坚持政府主导,完善法律法规

1. 发挥政府主导作用

在"时间银行"互助养老模式的运行过程中,必须坚持"政府主导、社会参与"的总体思路,政府要把控"时间银行"的发展方向,强化对"时间银行"互助养老模式的指引,积极鼓励社会组织及个人参与,助力"时间银行"互助养老模式可持续发展。政府在养老方面要跳出大包大揽的传统模式,将重点放在承担养老事业的公共服务和市场监管职能上,通过政府主导保持该模式的可持续性、非营利性、安全性。

2. 加强专门立法工作

目前,全国部分地区已陆续出台了相应的法律法规,为"时间银行"养老服务模式的有效推进行提供了一定的法治保障。比如,2020年12月25日,北京市十五届人大常委会第二十七次会议表决通过了新修订的《北京市志愿服务促进条例》,明确规定了志愿者的服务积分及会员互助等内容,强调了建立健全社区志愿服务回馈机制,支持志愿者利用参加志愿服务的工时换取一定的社区服务;志愿服务组织可以通过服务积分、时间储蓄以及会员互助等方式,激励本组织志愿者参与志愿服务活动。2020年10月29日,深圳市第六届人民代表大会常务委员会第四十五次会议通过的《深圳经济特区养老服务条例》明确指出,"市民政部门应当指导和协助市义工联合会建立养老志愿服务时间储蓄制度,通过智慧养老服务平台,发布服务对象需求、储存和转移志愿者服务时间、评价志愿服务等信息。志愿者或者其直系亲属进入老龄后,可以将志愿者储存的养老志愿服务时间兑换同等时长的养老服务"。

2021年8月23日，杭州市民政局发布的《关于加快康养体系建设推进养老服务高质量发展的实施意见（征求意见稿）》，明确了服务主体、服务对象和服务内容，但对于管理人员的具体职责，服务者的权利、义务与安全等方面缺乏进一步研究和探讨。因此，要保障"时间银行"互助养老模式的健康发展，政府必须尽快完善相关立法工作，在国家层面，从上到下规范"时间银行"的运行和操作，为"时间银行"互助养老模式的发展提供制度保障。

（二）丰富宣传形式，提升公众认知水平

1. 加强"时间银行"的宣传力度

对于"时间银行"互助养老模式而言，只有社会力量广泛参与，才能获得健康有序的发展。加强对该模式的宣传是有效手段之一，可以吸引群众积极参与互助养老行动，实现该模式的可持续发展。可采用多种方式加强宣传力度。首先，提高政府工作人员的认知水平，注重"时间银行"项目的运行；政府利用官方网站、媒体等渠道，街道、社区利用微信公众号、社区居民群、宣传手册等多种途径，让公众了解"时间银行"的特性和优点，进一步提高"时间银行"的可信度和知名度。其次，创新宣传方式，创作与"时间银行"相关的戏剧、电影、演播或是进行公益广告宣传，让公众能够全面了解并逐步接受该模式的服务理念。最后，拓宽宣传范围，开展进社区、进家庭、进高校、进企业等形式多样的广泛宣传，讲解"时间银行"互助养老模式的运作模式、服务优势、特点作用等，加深公众对该模式的认识与了解。

2. 培养民众互惠意识

"时间银行"互助养老模式是对家庭养老的有效补充，可以减轻家庭成员养老负担，也可以给人才市场带来新的活力。但由于"时间银行"在我国起步比较晚，属于新鲜事物，其发展力、影响力不足，因此，对该模式的服务理念进行宣传尤为重要，各级政府要做好这项工作，全面宣传"时间银行"互助养老模式互惠互利的理念，提倡"人人参与、人人共享"，从不同层面、不同地点、不同时间对该模式进行宣传，努力改变人们对传统志愿服务的看法，对"时间银行"互助养老模式有更深入的认识。同时，培养公众奉献、友爱、互助、进步的志愿服务精神，不断激发其参与积极性。

（三）搭建运营平台，完善服务体系

为实现各地区"时间银行"运营主体的协同合作，杭州市建立了统一的数据存储系

统、统一服务规范制度、统一服务监督体系，与支付宝中的杭州文明帮帮码合作，代替以微信群为中间平台的模式，通过平台的换算机制、大数据与移动互联网技术，整合老年人的数据。按照线上需求发布精准对接、服务如实记录、可追溯及公开透明的原则，开发涵盖志愿服务时间记录、存储、积分生成、积分兑换与捐赠、服务公开的跨区"时间银行"体系。同时，完善统一管理、统一跟踪、统一监督的体系，确保数据来源的准确性、数据存储的安全性、服务质量的有效性。此外，建立以需求信息真实性、双方态度、服务质量、专业资质为评判标准的服务志愿者双向评价管理体系。

（四）助力老年群体跨越数字鸿沟，尽享数字时代红利

为帮助老年人享受数字化、智能化服务，帮助他们跨越数字鸿沟，杭州市拱墅区文汇路阳光老人家社区开展面向老年人的智能手机讲授课堂，参与课堂的老年人也会获得相应积分。但是这种公共服务并没有普及，在拱墅区的其他街道社区很少见到。因此，要提升公共服务水平，家庭和社会需要重视老年群体的数字化学习。鼓励基层社区成立适老化体验中心，成立社区志愿者团队专门教老年人使用数字化产品。

案例点评

当前中国的"空巢老人"数量不断增长，逐渐成为备受关注的社会问题。以社区为单位成立服务老年人的"时间银行"，倡导"服务今天，享受明天"成为解决该问题的新思路。"时间银行"互助养老模式基于广义的互惠交换理念，作为一种社会治理的平台和创新机制，通过志愿服务回馈长效机制，实现公益资源供需匹配。"时间银行"互助养老模式旨在探索可持续互助养老机制，引导公众通过参与志愿服务积累"爱心时间"服务未来的自己。从整体上看，这在一定程度上提高了老年人群体的生活质量，有效实现了社会治理效能的提升。因此，在养老服务需求增加的时代，"时间银行"或许可以作为一种有效的工具，参与社会治理实践。

近年来，杭州许多区县在探索将"时间银行"互助养老模式运用于养老和公益服务。拱墅区自2019年开始，就将米市巷街道、小河街道、拱宸桥街道、和睦街道四个街道作为试点，探索并形成政府引导、多方共举、服务多元、资源共享的"时间银行"服务理念和模式，为辖区老年人提供方便、快捷、优质、精准、可持续的养老服务。目前，"时间银行"互助养老模式虽然取得了一定的成绩，但仍存在一些问题，比如，政府养老的包揽行为与"不为"现

状、推广力度与民主互惠意识不足、杭州各区域未建立统一的制度框架,交换保障体系仍需构建,适老化产品缺乏老龄视角等。针对以上问题,本研究提出:坚持政府主导,完善法律法规;丰富宣传形式,提升公众认知水平;搭建运营平台,完善服务体系;助力老年群体跨越数字鸿沟,尽享数字时代红利。这些建议具有一定的参考价值。

我们相信,只要立足社会发展,多方位关注"时间银行"互助养老模式在各领域的应用前景,结合跨学科知识,深入挖掘"时间银行"的本质,就能使"时间银行"互助养老模式在我国发展得更为完善、更具生机。

(点评人:梁卓慧 讲师)

社会救助服务供给的制约因素和路径探索
——以宁波市海曙区创新试点为例[①]

一、案例背景

社会救助服务是指基于受助者的发展性需求,对贫困、弱势群体提供的非现金的、以专业社会服务为主要形式、以专业社会工作者为主要服务者、以满足贫困者发展性需求为目的的非营利性质的救助服务。它是政府主导、社会力量(专业社会服务组织)合作参与的积极福利理念下的一种综合救助。我国经济已由高速增长阶段转向高质量发展阶段,正处在转变发展方式、优化经济结构、转换增长动力的攻关期,建设现代化经济体系是跨越关口的迫切要求和我国发展的战略目标。《国民经济和社会发展第十四个五年规划和2035年远景目标纲要》中提到,加快健全覆盖全民、统筹城乡、公平统一、可持续的多层次社会保障体系,健全分层分类的社会救助体系。2021年,我国全面建成了小康社会,我国贫困方面的主要问题从绝对贫困向相对贫困、多维贫困的方向转换,我国目前社会救助的主要方式仍为提供现金和实物,救助服务环节相对较弱,救助方式较为单一,不能满足救助对象的差异化需求,难以覆盖社会救助过程中可能遇到的复杂问题。同时,我国社会救助服务发展存在不平衡不充分、社会救助服务评估和监督体系不健全等问题。这些现实问题不利于我国社会救助服务体系的高质量发展,不利于人民群众生活幸福感和获得感的提升。

2020年10月27日,民政部办公厅印发《关于开展社会救助 改革创新试点工作的通知》,宁波市海曙区入选全国社会救助改革创新试点单位。试点目标任务是探索开展服务类社会救助的有效路径和具体措施,明确服务类社会救助的供给主体、对象范围、服务内容、服务方式、运行机制以及相关监管和保障措施等,推行"物质+服务"救助方式,形成一批可复制、可推广的好经验、好做法。在社会迫切需要,政策大力支持的情况下,研究社会救助服务供给路径正当其时。

---

① 案例编写:雷天楚、杨雯涵、许钱龙、李谟敏、毛雯婧。案例编辑:张凤娟。

二、案例内容

社会救助服务分配给特定社会人口或群体时采用特定的原则，宁波市海曙区在社会救助分配方面，通过精准识别救助需求、分层分类实施靶向救助，推动实现群众需求和服务供给的精准对接。

（一）精准识别，突出需求评估科学化

坚持以困难群众需求为导向，通过对救助对象家境调查、建档访视、需求分析，综合评估其贫困境况和救助需求，精准识别困难群众多样化、多层次的救助需求，为实施精准救助服务提供基础支撑。

1. 多途径采集服务需求

发动社工、村干部、友善访问员等，通过困难群众主动发布和定期上门探访等渠道，采用调查问卷、访谈等方式收集困难群众需求。2020年共采集困难群众需求信息5356条。

2. 运用大数据技术分析服务需求

通过高频关键字、热词搜索，筛选困难群众的共性需求，建立需求指标，如需求量、需求集中度、需求紧迫性等，对共性需求进行技术分析，并以此为基础编制服务需求清单。分析结果显示，生活照料、家居改造、喘息服务、心理慰藉、社会融入、就业能力等方面的需求量位居前列。

3. 建立科学评估体系评估服务需求

建立多维度贫困评估指标体系，将经济、健康、教育、居住、就业、社会参与等多个维度细化为家庭财产收入、成员结构、健康状况、居住环境、就业能力和态度、家庭期望值、社会地位、交往能力等20个子项目，委托专业社工机构对困难家庭境况和救助需求进行科学调查和综合评估，发现其真实需求和服务救助介入点。

4. 通过靶向分层分类实施精准救助服务

按照"一户一档、一人一策"要求，结合地域特点、资源特色，实施类别化、差异化救助服务，因户施策，为救助对象提供日常生活照料、清洁卫生等生活性服务，康复

训练、送医陪护等照护性服务以及心理疏导、资源链接、能力提升、社会融入等支持性服务。

(1) 困难残疾群众

对于这类服务对象，围绕健康、生活、文化、安全四大主要需求，链接社区资源，开展社区互助活动，构建支持网络。对服务对象开展个案辅导，使其激发自我潜能，减轻思想和心理困扰，恢复和提升社会适应能力。发扬邻里互助美德，营造助残氛围，激发社会助残活力，描绘"残健融合"的社区蓝图。

(2) 生活不能自理的重残、困难老年人

对于这类服务对象，实施"邻家大姐助老帮困"项目，提供日常生活照料、清洁卫生、送医陪护等照护性服务。通过"情喘息爱蔓延"项目，为有失能、半失能尤其是失智老年人的家庭提供"喘息式"服务。开展"医社同行"救助支持项目，探索以"社区家庭病房"为支点，通过邻里守望相助、社区重点扶助、专业机构救助，建立预防、康复、护理、健康管理一体化服务模式。

(3) 困境儿童

对于这类服务对象，在儿童主任日常探访的基础上，通过实施"七彩学堂""童舟共济""彩虹桥"等成长关爱项目，帮助服务对象在学习方面解决注意力分散、记忆力差等困难；在人际交往和行为方面克服自卑、封闭等心理障碍；在生活方面拥有健康的生活方式、适应新的学习生活环境等。以儿童权益最大化为原则，有针对性地为精神关怀缺失、遭受家庭创伤的儿童提供家庭功能修复、亲子关系调适、儿童心理疏导，通过资源链接帮助家庭摆脱贫困、助力儿童身心康复。

(4) 支出型贫困家庭中的重病患者

对于这类服务对象，实施"焕然医新"医疗服务项目，以大额医疗救助对象为重点，根据病种整合医务资源，开展专案服务，帮助其建立社会支持网络，改善生活状态。

(5) 有劳动意愿和能力的救助对象

对于这类服务对象，帮助其发掘自身潜能，使其从事力所能及的劳动，免费提供职业技能培训。鼓励残疾人从事手工艺品编织和创作，并通过义卖拍卖、企业认购、商场寄卖等方式销售，在解决就业问题的同时，实现其个人价值。实施非遗文化"手拉手、师带徒"项目，聘请宁波本地非遗传承人开设培训班，培养一批热爱陶艺、布艺、雕刻、绘画等技艺的手工达人，通过创意创新带动创业就业。

（二）社会救助的分配内容

2021年10月底，宁波市海曙区入选全国社会救助改革创新试点单位后迅速出台了《海曙区社会救助改革创新试点实施方案》，规范购买流程，最大限度地满足不同救助群体的多元需求。

1. "点单式"购买社会组织服务项目

为确保试点工作稳步推进，海曙区在2021年10月底出台《海曙区社会救助改革创新试点实施方案》的同时制定了《海曙区政府购买社会救助服务清单》，清单涉及65条救助惠民政策以及10个救助相关部门开展的31个服务类项目，如图1所示。通过制定清单，将原本散乱、模糊的服务内容细化、明确，让救助群体选择他们最需要的项目。"菜单式"社会救助服务供给形式为服务类社会救助改革创新试点工作提供了"海曙智慧"。

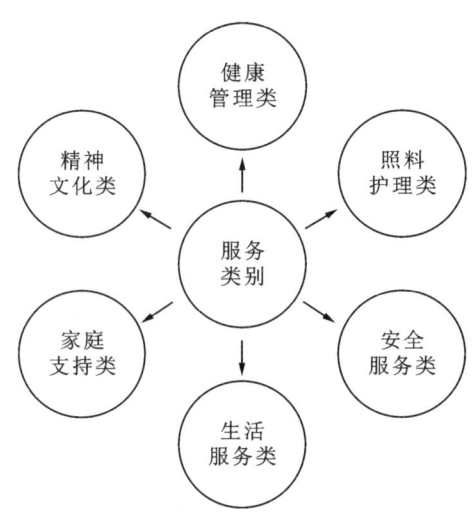

图1 海曙区政府购买社会救助服务清单种类

截至2020年7月，海曙区全区共有登记备案的各类社会组织4455家，参与人数超10万人。海曙区率先在青少年服务、社会救助服务、残障康复服务、社区矫正服务等领域采取政府购买服务的方式，服务项目采用统一向区社会组织服务中心购买服务的方式运作。不同社会组织提供不同专项服务，以促进社会服务力量专业化。如"馨之园"是助残类的支持性社会组织，区别于普通助残机构的"菜单式"服务，"馨之园"推出"点单式"服务，其将残疾人通过电话、上门、网络等途径提出的个性化服务要求进行汇总分析，并联系对接的各类中小型社会组织策划具有针对性的服务。再如，"宁静港湾"是专注于解决婚姻家庭问题的社会组织,通过组织兼职教师队伍,在保证服务专业性的同时,提高了队伍的灵活性和高效性。

2. 公益创投购买社会组织服务

公益创投主要是政府通过项目资助的形式对承担社会工作服务的社会组织进行补助。海曙区政府委托海曙区社会组织服务中心负责公益创投项目的具体工作。该中心成立于2011年5月13日,是一个为社会组织提供综合服务的第三方公益性社会服务机构。其定位包括以下三个方面:一是为社会组织服务,在2011年全区共有各类社会组织1200家,海曙区社会组织服务中心为它们提供交流培训、注册登记、项目支持等多方面的服务,促进社会组织健康有序发展;二是引导社会组织提供社会公益服务,尽可能满足群众的多样化、个性化需求;三是整合社会资源,引导社会组织参与社区服务和社区建设,促进社会和谐。海曙区每年投入200万元资金设立公益创投基金,采用项目化形式推进"社区组织发现需求、社会组织实施项目、社会工作专业支撑"的"三社联动",形成基层治理创新的强大合力,凡愿意在海曙区提供公益服务的组织均有资格获得资助。

海曙区社会组织服务中心组织网络如图2所示。

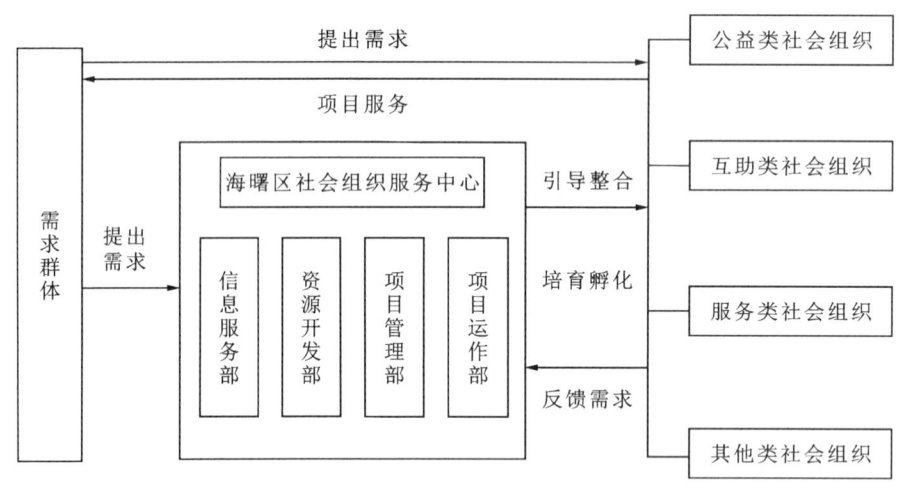

图2　海曙区社会组织服务中心组织网络

2014年6月,宁波市公益服务促进中心制定了《宁波市公益创投项目资金使用管理办法》,要求公益创投项目经过一系列管理监督程序,以确保把有限的资金或资源落到实处,发挥最大的效益。海曙区公益创投从2011年发展至今已形成较为成熟的运行流程,具体如图3所示。

图3 海曙区公益创投运行流程

(三) 社会救助服务的输送系统

1. 统筹社会资源力量，推动救助服务智慧供给

(1) 数字赋能，提升社会救助服务水平

建立推动实现共同富裕的体制机制和政策框架，将数字化改革作为实现共同富裕体制机制的重要推手。宁波市海曙区通过建设"一平台五库两图"，即搭建一站式救助服务平台，完善困难群众基础数据库、救助需求库、救助资源库、救助政策库、救助信息库，绘制需求图和资源分布图，用智慧化手段提升社会救助服务水平。在平台搭建方面，以宁波市海曙81890求助服务中心为链接，搭建"甬救爱"智慧救助服务平台，以"互联网＋服务"形式为救助对象提供"点单式"服务，实现供需有效对接。困难群众可通过便民服务平台，借助热线、官微、App等线上线下多种方式发布个人需求或心愿，选择各类服务项目，之后，由社工服务机构、公益组织、社会爱心人士认领需求或心愿、开展服务。汇集困难群众享受的救助项目、救助金额等物质救助数据以及通过政府、志愿组织等开展的服务救助数据，形成"物质＋服务"清单。同时，海曙区积极搭建并完善困难群众数据库，实施动态化管理，实时监管困难群众生活变化。搭建政府主导、社区推动的困难群众数据库，由政府进行统一管理，社区工作人员定期入户走访，补充和调整数据库内容。

(2) 聚合力量，推动全生命周期的综合救助

通过构建政府主导、社会参与、制度健全、政策衔接、兜底有力的综合救助格局，以现代化信息技术推进救助信息聚合；以基本生活救助、专项社会救助、"急难"社会救助为主体、以社会力量参与为补充，建立健全分层分类的救助制度体系。

在推动公共服务实现均等化的同时，在社会救助领域着重解决困难群众遇到的问题，针对幼、老、病、残、住、再就业等提供有针对性的救助。例如，海曙区的社会组织中，"宁静港湾"负责困难家庭、困难儿童的救助工作；之江社会工作发展服务中心专注于困难群众心脑血管疾病的治疗康复救助；宁波市海曙区星程社会工作发展中心针对困难退役军人进行救助等，在多方面实现困难群众的全周期救助。

2. 构建纵向调节系统，实现环节沟通良性循环

(1) 政府协调系统主体，购买社会服务，发展服务类社会救助

政府积极发挥主导作用，在提供物质救助的同时，积极搭建困难群众数据库，运用大数据系统准确地了解困难群众的情况、需求，进而有针对性地进行救助。此外，政府还通过购买社会服务的方式向困难群众提供社会救助服务。例如，"五谷画坊""宁静港湾"、之江社会工作发展服务中心这些在困难家庭、困难儿童、医疗救助、困难退役军人等领域进行重点帮扶的社会组织与政府建立了长效合作机制，政府可以通过购买其服务的方式对困难群众提供有针对性的服务。同时，政府通过社工协会对社会组织工作进行多方面考核，致力于提供更高质量的社会救助服务。

（2）社区作为协调系统的"毛细血管"，连接政府、社会组织与群众

宁波市海曙区采用一个社区聘用一名社会救助服务大管家（海曙区特别设立的统管各自街道负责困难群众帮助的人员）的形式，包片联户、定期走访，进行困难群众数据库动态管理，同时根据困难群众的不同需求统筹、调配社会服务组织资源，在困难群众与社会组织之间构建有效帮扶机制，并进行长期跟踪监测，定期入户反馈。例如，在鼓楼街道，社会救助服务大管家经常对一户儿子患有精神疾病的家庭进行入户调查，与该家庭建立了长期深入的联系，多次提供相关社会服务，在一定程度上缓解了该家庭的困难。这也体现了社区在社会救助纵向调节系统中不可或缺的作用。

（3）群众作为纵向调节系统的末环，与社区、政府形成正向反馈环

在纵向协调系统的末环，困难群众由于受到主客观条件限制，往往面临更大的生存压力，加之其对求助政策、渠道不了解，因此面临"不知怎么求助""不知向谁求助"以及真正需要救助时"碍于面子难以开口"等多重困境。此时，社区工作人员与困难群众进行积极的联系，可以很好地发挥桥梁作用，向困难群众普及求助渠道——"有困难积极联系社区工作人员"，在增进社区与群众之间联系的同时，也能有效地调配救助资源，实现困有所扶。与此同时，宁波市海曙区社会工作协会通过印刷宣传册等方式对海曙区的社会组织进行宣传，让人们了解一些求助平台。这些举措有利于提高社会救助的效率，助力实现共同富裕。

三、问题分析

（一）社会救助力量薄弱，专业覆盖面窄

截至2021年7月，宁波海曙区登记社会组织872家、社会团体156家、民办非企业715家、基金会1家。登记在册的社会组织中，社会服务行业占比47.48%，多为养老日间照料中心、培训学校、社会组织服务中心，能够提供个性化服务，但社会救助服务方面的社会组织较为稀少。

目前，社会救助工作专业人士的缺乏是阻碍社会救助工作有序开展的重要因素。社会救助人才不足导致我国社会救助工作效率低下，难以构建良好的社会救助体系。一是服务人才缺乏，社会组织多为自发的公益性社会组织，因为具有无偿性和自发性，所以专业人员极其匮乏，且部分专业人员身兼多职，工作效率无法得到保证。二是管理人才缺乏，社会救助管理是一个较为复杂的过程，包括对社会救助申请者的审查审批、对受益者的管理以及对社会救助工作的绩效评估等，但目前管理人员管理经验不足、缺乏专业知识指导，对于社会救助工作的开展形成了一定的阻碍，社会救助的科学性和高效性亟待提高。

（二）救助服务资源碎片化，链接有效性不足

一方面，社会组织在资金、人员等方面受到限制，在发展上会优先对某一领域进行探索，这造成了社会组织功能的强局限性。求助者找到社会组织后，多是由一个社会组织针对其所涉及的领域对求助者进行帮助，但有些求助者的案例涉及的问题是多方面的，需要多个社会组织合作提供帮助，可是在一位社会救助服务大管家提出有关设想的时候，一位社会组织负责人委婉地拒绝了相关合作请求。同时，由于各个社会组织之间信息沟通不够通畅，对于同一救助对象会存在重复询问、重复救助的问题，造成资源浪费以及对救助对象的叨扰。

另一方面，政府相关部门之间的合作不够紧密。在平台设置社会救助板块时，由于数据还没共享互通，板块的建设停留在初期阶段，因此服务内容难以拓展，服务质量难以提升，服务的便利性和准确性难以保障。例如，因病致贫的困难群众对于药物的需求是民政局之类的部门难以单独满足的，需要协同药监局等多个部门同时进行。

（三）救助服务宣传方式单一，项目普及度不高

目前，我国社会救助主体和社会救助对象之间呈单向救助关系，而非双向互动，这导致民众对社会救助认知不足。一方面，群众认知能力有限；另一方面，政府部门及相关社会组织对社会救助服务宣传不到位。实地调研发现，多数贫困家庭或是不知道社会救助的内容、类型有哪些，或是不知道获取社会救助服务渠道，或是对政府部门及相关社会组织不信任等。

（四）项目评估考核机制落后，群众反馈缺失

目前，对于接受社会救助服务的家庭，虽然救助过程中会有追踪与访问，但是在结

束后并没有对相关家庭进行持续跟进,没有相关家庭后续生活的反馈。同时,在社区社会救助服务中并没有建立系统、完善的民众反馈机制,考核也是通过满意度调查等较为粗浅的方式进行,民众的反馈环节并未建立。

四、对策与建议

(一)整合社会救助相关资源,培养多领域专业人才

社会救助服务系统庞大,资源的高效调配和整合是实现社会救助服务质量提升的关键。调研发现,许多地方政府向社会组织购买服务都采用项目制,其不稳定性、资金有限性、来源唯一性对社会组织的发展形成了较大的限制。一方面,社会组织需要长期稳定可持续的资源供应,除了政府购买服务外,还应建立有效的社会力量资源投入机制;另一方面,社会组织提升服务水平需要加强能力建设,因此人才建设尤为重要,政府可以通过政策支撑、加大资金投入,将社会组织专业人才队伍建设纳入区域人才工作总体规划。此外,还可以向高校寻求智力支撑,通过开展教育培训、课题研究、实习实训等形式与高校建立长期合作机制。

(二)打通组织、政府"任督二脉",打造完善的社会救助服务链

由于组织与部门缺乏有效连接,资源浪费现象严重,社会组织与政府部门都出现"信息、资源孤岛"现象。政府部门应以数字改革为契机,借助大数据建立统一的数字化平台,实现资源共享。民政局牵头打造社会救助服务链,让政府部门、社会组织等多方主体实现互助互通共享,建立高效稳定可持续发展的"助共体"。

建立系统的基层服务链,让社区的社工与社会救助服务大管家、社会组织之间相互熟悉,能够交流社区的相关信息。同时,社会组织也可以帮助社区丰富基层活动,提供更为专业的帮助与支持。社区居民寻找帮助的主要方式是联系社区工作人员,而缺乏能够提供相应服务的社会组织的联系渠道。需求与供给之间的主要联系渠道只有社区,导致社会救助服务供求对口不准确。要打造相对完善的社会救助服务链,让群众需求得以表达,精准地将需求信息传递到社区、社会组织,同时,让社区、社会组织能够系统、准确地为群众提供相应的服务。要提升服务的有效性,让群众不仅能够看到、知道服务,更能切实感受服务。此外,还要强化对救助对象的区分,并据此在传统的救助服务基础上提供更多样、更完善的服务,针对不同的对象人群、服务需求做到精准供给。实现社会资源供给和救助服务需求的精准对接,更好地满足群众多层次、个性化的救助需求。

（三）树立社会救助服务理念与责任意识，建立健全评估考核机制

进一步健全社会救助评估机制，保障社会救助工作的顺利进行与及时反馈。首先，实施对象审核评估。对服务对象所需要的服务进行一系列评估，形成系统的服务链。其次，实施过程评估。在社会救助实施过程中，加强对救助资金使用、项目建设、完成环节、示范评选的监督管理。再次，完成结果评估。健全社会救助政策实施过程、执行效果以及工作创新的评估。最后，进行对象满意度调查。通过回访、发放问卷等方式对服务对象进行满意度调查，通过反馈结果完善相关环节。同时，加大对骗取社会救助服务行为的查处力度，对此类行为追究相关责任。

（四）提升社会组织发展水平，扩大社会救助服务范围

相关数据显示，在社会服务行业中能够切实提供个性化服务，致力于提供社会救助服务的社会组织仅占少数，社会组织发展水平较低将直接或间接地影响社会救助服务范围、服务质量等。提升社会组织发展水平可从质与量两方面入手：一方面，通过政策扶持加大致力于社会救助服务的社会组织的行业比重，弥补服务空白；另一方面，借助政府部门等主体的力量，对社会组织进行专业培训，提升救助质量。

此外，还应当加强预防性的社会救助和保护力度，提升社会救助的前瞻性和战略性。预防性的社会救助和保护更强调人力资本投资，强调作用于家庭、提升家庭的自我发展能力，关注儿童的早期干预，强调对于劳动力市场的社会保护。预防性的社会救助致力于解决贫困的根源而非表象，阻断贫困代际传递，兼顾贫困的动态性、可预测性、可干预性。

（五）加强宣传工作，提升政府公信力

公众对社会救助认知不足、缺乏救助理念等是政府及社会组织实施救助过程中面临的主要障碍之一。针对此问题，一方面，政府应当加大社会救助工作的宣传力度，通过多层次、多形式的宣传，帮助公众树立社会救助理念；另一方面，政府应当鼓励公众参与社会救助服务工作，秉持公开、透明、平等的原则向公众寻求建议。我国社会救助主体和社会救助对象当前主要是单向救助关系，群众对于社会救助的内容并不熟知，因此，要加强相关宣传工作，借助新媒体传播方式，利用微博、公众号、抖音等进行宣传，让群众增强对社会救助工作的了解。与此同时，信息不对称容易造成部分群众对政府部门及社会组织的不信任，因此，加快信息传播和输出，让群众更好地了解社会救助相关知识，不仅能推动社会救助服务工作的开展，也能提升政府的公信力。

 **案例点评**

中国正处于社会救助服务发展的黄金期,但在社会救助服务方面仍面临许多亟待解决的问题。现行的社会救助服务大多是提供现金和物资,其发展长期不受重视且没有科学的理论进行指导。网格化治理和多元主体协同治理理论前些年引入我国,在公共政策的其他方面有所运用,但由于我国国情及实际的特殊性,社会救助服务过程中遇到的问题与国外截然不同,故理论的本土化具有重要意义。理论与实践相互促进,在理论指导实践、对社会救助服务供给侧的变革进行指导的同时,新问题的出现和解决也为理论注入了具有中国特色的实践意义,丰富了理论的内涵,赋予了理论新的生命力。本研究探讨了社会救助服务供给方面的问题,基于救助对象需求的差异性和多样性,摸索充分调动社会组织和有关企业积极性、主动性、创造性的路径。同时,对社会救助服务供给侧改革提出建议,将市场优势和政府监管相结合,激发社会救助服务各主体活力,以推动社会救助服务快速健康发展,更好地适应社会救助的需要,提高社会救助的服务效益,使得社会救助服务能够切实改善救助对象的生活。

(点评人:祝建华 教授)

托育服务体系建设的优化探索
——基于拱墅区"阳光小伢儿"案例①

一、案例背景

人口出生率持续下降、少子老龄化情况愈发严重等人口结构变化的严峻形势,在客观上要求我国加强托育政策建设与完善。2019年4月17日发布的《国务院办公厅关于促进3岁以下婴幼儿照护服务发展的指导意见》提出,将婴幼儿照护服务纳入经济社会发展规划,加快完善相关政策,强化政策引导和统筹引领,充分调动社会力量积极性,大力推动婴幼儿照护服务发展,优先支持普惠性婴幼儿照护服务机构。2022年8月17日,国家卫健委在新闻发布会上指出,国内婴幼儿无人照料是阻碍人们生育的首要因素,城市中超过1/3的家庭有托育需求,但供给明显不足,特别是普惠性服务供不应求。人们对公共托育服务日益增长的需求与数量不足、质量不高且无序发展的托育服务供给的矛盾是阻碍"三孩"政策实施的难点与痛点,构建完备的托育公共服务体系,已经成为不容回避、亟待解决的社会议题。

自2013年国家调整完善生育政策,启动实施单独"二孩"政策开始,民众对托育服务的需求逐渐增加,托育服务的迫切性也随之增强。由于长期的人口计划与人口政策,萎缩的公办幼儿园托班已无法满足家长托育的需求。在市场催化作用下,诸多社会托育机构应运而生,并以各式各样的托育服务内容,吸引了众多家长的目光。然而,参差不齐的服务质量、高低不一的价格水平以及尚未完善的监管体系,为整个托育服务行业的发展埋下了隐患。"一波未平,一波又起",2020年初新冠疫情的爆发给了托育行业沉重一击,一些托育机构无奈关停甚至退出行业,同时,托育方面的相关信访问题频发,杭州市拱墅区面临巨大的托育压力。

(一)家长:生养压力如山大,心有"三孩"力不足

在当前社会,成年人生活工作压力大,养育子女的压力更大。无人照料、养育成本

---

① 案例编写:雷语、陈浩、俞孟琳、陈可颖、姜舒奕、金一博、汪子瑶。案例编辑:闫丹。

高等成为适龄父母不愿意生二孩乃至三孩的重要原因。比如，新冠疫情期间，家长们一方面迫切地需要社会托育机构提供服务；另一方面担忧疫情风险，不敢将孩子送往社会托育机构。

（二）机构：疫情下行情低迷，机构中退多留少

前几年，托育行业是一个市场潜力极大的行业，自"二孩"政策启动后，各式各样的私人托育机构如雨后春笋般在拱墅区的大街小巷冒出来。可之后的新冠疫情使几乎所有的托育机构陷入每月固定投入水电租金成本、零收入的尴尬境地。托育机构有的选择转型，有的苦苦支撑着等到疫情得以控制，但时不时反复的疫情总是让托育机构被迫中断服务、退还费用。即使疫情期间托育需求巨大，但市场上的托位绝大多数处于空缺状态，越来越多的机构选择良性退出。

（三）社区：居民需求难满足，缺少指示难施行

在居民托育需求不能得到满足时，社区作为距离居民最近的基层自治组织，率先接收到居民托育的诉求与信号。相较于外界的托育机构，社区具有离家近、社区工作者与居民更为熟悉等优点，对于居民而言是既便利又安心的托育场所。然而，先前社区中少有建立社区托育中心的先例，上级政府部门也并未出台相关政策文件指示，这些率先提供托育服务的社区既缺少经验，又难以规划，实在是难上加难。因此，尽管居民有托育需求，大部分社区还是没能建立起正规的社区托育中心。

2021年，杭州市部分行政区划调整，拱墅区面临社会办托育机构更多、管理制度相对滞后、疫情影响等问题。由此，拱墅区政府决定加强对托育机构的监管，并强调在管辖的同时为托育服务确定普惠的方向，从零开始建立健全普惠性托育服务制度体系，构建"15分钟婴幼儿照护服务圈"。在拱墅区政府的不懈努力下，拱墅区成为杭州市托育服务领域的先行者，托育机构、托育服务、管理制度的发展走在了全市前列。

二、案例内容

（一）普惠托育：降费提质减轻居民负担，以奖代补缓解机构压力

随着国家生育政策的改革，我国经历了从单独"二孩"到全面"二孩"，再到实施"三孩"政策的转变，群众对于0—3岁托育服务的需求逐渐显现。2018年，杭州市托育价格的平均水平为每个孩子每月4500元左右，年轻父母经济压力大，无法承担如此高

昂的价格，面临着严重的"托不起"问题。为实现辖区内居民"普惠托育"的目标，拱墅区政府通过提供用房、划定托育服务普惠线、提高奖补水平等举措，帮助托育机构减轻成本负担，加快降费提质，力图让每一个家庭都"托得起"。

1. 探索公建民营模式

公建民营模式是拱墅区降低托育成本、探索普惠性托育的重要路径。不同于公办形式的托幼班，"阳光小伢儿"（见图1）本质上属于社会办托育机构，在强调公益性和便民惠民的同时，追求盈利。考虑到拱墅区托育机构的市场属性，同时帮助"阳光小伢儿"在规范经营的前提下有利可图，从而实现托育机构为居民降费减负的最终目的，近年来，拱墅区政府通过街道、社区等渠道，采用公建民营的方式，向"阳光小伢儿"无偿提供了将近1万平方米的社区用房以及其他配套用房等，以减轻"阳光小伢儿"运营的经济压力。

图1 "阳光小伢儿"社区托育驿站

2. 划定托育服务普惠线

划定托育服务普惠线作为拱墅区用以限制普惠性托育机构市场价格的重要方式，能够有效减轻居民托育的经济负担。拱墅区政府对托育机构的收费标准进行了规定，根据本辖区内居民人均收入比例进行计算，规定托育服务普惠线。凡是接受公建民营方式、免除房租成本经营的托育机构，其收费标准一律不准超过托育服务普惠线，从而降低机构的经验成本，帮助居民减轻托育经济压力。在2022年，拱墅区普惠红线划定为每个孩子每月约3600元，红线标准会根据每年的经济状况进行调整。

3. 为备案机构提供专项奖补

备案是政府监管市场托育机构的有效手段之一。为保证市场上托育机构合法经营，拱墅区政府通过以奖代补的形式为成功备案且考核优异的托育机构发放奖金与专项补助，以促使更多的托育机构自觉进行备案、规范经营。据了解，前几年受新冠疫情影响，较多托育机构面临生存危机，拱墅区政府为破解危机，对托育机构提供了270万元左右的专项运营补助，帮助托育机构渡过危机，为居民提供更加优质的托育服务。

（二）便捷托育：合理规划建设成长驿站，创新托育服务供给模式

鉴于婴幼儿群体的特殊性，家长在选择托育机构时，通常会将距离、通行时间等作为重要考虑因素。为解决家长"不方便托"的难题，拱墅区政府致力于打造"15分钟婴幼儿照护服务圈"。对于社区，鼓励社区建立"阳光小伢儿"社区婴幼儿照护成长驿站，为居民提供自助式、互助式托育服务；对于企事业单位，鼓励单位内部建立嵌入式托育机构，从而实现"带着伢儿去上班"，达成让每一对父母"方便托"的目标。

1. 合理规划顶层设计

为了提升服务质量，拱墅区政府发布包括《拱墅区"阳光小伢儿"区域规划设置标准（试行）》在内的一系列标准（见图2），制定规划布局、建设规范、安全规范、队伍建设、服务管理标准，将"布局为先"作为首要的基本原则，对托育驿站规划进行了相关规定。一是为帮助父母实现"就近托"，提倡辖区内街道社区将婴幼儿照护服务纳入街道社区服务体系，根据本辖区的居住人口规模合理规划与布局相应的婴幼儿照护服务设施；二是为实现高质量托育，对社区新旧托育场所的场地面积、设施服务、托育环境等提出了大致方向上的规定。

本着"布局为先"的基本原则，为破解拱墅区居民托育距离难题，拱墅区政府决定联合街道社区打造托育驿站。为将托育驿站建设成为便民利民的服务点，拱墅区政府连续多年将社区托育驿站建设列入拱墅区民生实施项目，动员街道主动调研了解住户需求，自行规划所辖地区托育驿站建设愿景，提供针对性的报送计划，从而实现"每建设一个'阳光小伢儿'驿站，就能成熟一个，受老百姓欢迎一个"的目标。2022年，拱墅区各个街道经过调研考察，共向拱墅区卫健局提出了新增12家托育驿站的申请。

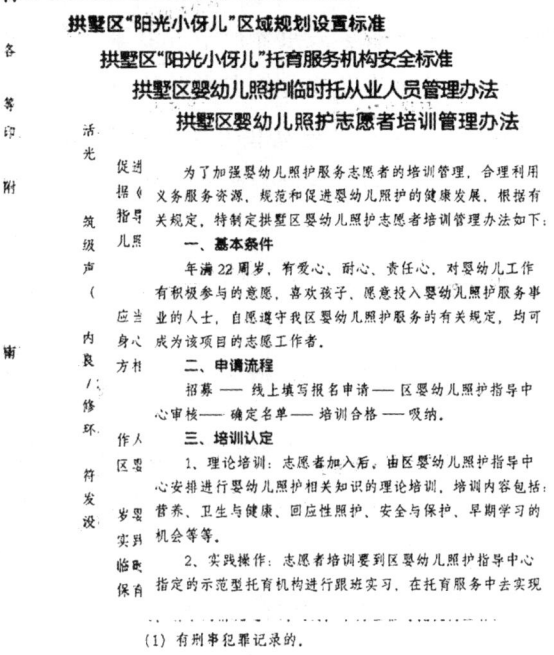

图2 拱墅区出台各类标准

2. 搭建社区成长驿站（"阳光小伢儿"社区托育驿站）

为切实提高辖区内托育驿站数量，拱墅区政府在《拱墅区"阳光小伢儿"区域规划设置标准（试行）》中提到，每个街道在2022年底前有1家及以上的政府办普惠性托育机构。此外，拱墅区为充分发挥政府、市场、行业组织各方作用，构建点面结合、多方参与的照护服务结构，以社区为着力点建立了"阳光小伢儿"社区托育驿站。"阳光小伢儿"设于社区的实际用房内，由社区或者社区委托有资质的第三方进行日常运营，开展养育照护，提供课堂、婴幼儿安全活动、体育活动、看书等场地。截至2022年8月，拱墅区社区托育驿站已有42家，基本上能够满足全区家长对托育服务的需求。未来，为更大程度地满足居民的托育需求，拱墅区"阳光小伢儿"将进行提档升级，提供更好的托育条件。

3. 建设单位嵌入式托育中心

仅建立社区内部的托育机构并不能够满足居民、单位职工的托育需求，针对当下托育驿站建设不足的困境，《拱墅区"阳光小伢儿"区域规划设置标准（试行）》明确指出将"普惠引导"作为基本原则之一进行履行，即通过鼓励和支持企事业（机关）单位、街道社区、园区等提供场地或经费支持，与第三方专业组织合作，提供公益性、福利性、普惠性的日托或半日托服务。

建设单位嵌入式托育中心能够有效满足一些特殊职业工作者的托育需求，为扩大普惠性托育服务供给，拱墅区政府大力支持企事业单位等社会力量举办托育服务机构，支持公办机构提供普惠性托育服务，探索发展家庭育儿共享平台、家庭托育点等托育服务新模式、新业态。通过鼓励企事业单位自主在其单位内部设立嵌入式托育机构并邀请第三方进行管理的方式，帮助员工实现"带着伢儿去上班"。截至2022年8月，拱墅区单位自建的托育中心共有4家，其中杭州市首家单位自建的园区嵌入式的托育机构拱墅区初本幼园，就是践行拱墅区区委、区政府相关部署，实现民生服务蜕变的具体举措之一，是杭州市助力"三孩"政策的有效举措，也是推进"民呼我为"的具体行动之一。

（三）安全托育：数字赋能实现实时监管，补全标准杜绝安全隐患

在解决了"托得起"和"方便托"的问题之后，托育机构能否让父母放心，就成为让当代父母焦虑的另一大问题。随着当代年轻家庭托育需求的日益增长，许多企业看到托育行业的大好发展前景和机会，不断涌入托育行业。此后，托育机构虽如雨后春笋般出现，托育服务质量却并未得到显著提升，托育机构的野蛮生长、恶性竞争使得托育水平良莠不齐、口碑大打折扣。如何选择托育机构成为困扰家长的一大难题。

为帮助居民在选择托育机构时避开不规范、不负责的托育机构，拱墅区政府从2020年开始对托育机构的标准规范进行了一定的政策公示，随后以大数据赋能托育监管，打造数字化托育监管平台和"托育一件事"便民平台，让居民实现一站式托育，帮助居民解决托育安全难题，让每一对父母"放心托"。

1. 补全托育行业各类规范标准

为破除托育市场野蛮生长、质量良莠不齐的困境，让托育服务真正达到惠民的效果，拱墅区政府对托育机构的各项标准进行了文件规定。拱墅区政府发布《拱墅区"阳光小伢儿"区域规划设置标准（试行）》等一系列标准，首先，从环保安全、卫生安全、场所安全三个方面对"阳光小伢儿"托育服务机构安全标准进行了详细规定；其次，从行为规范、从业资格、队伍建设、监督管理四个方面为"阳光小伢儿"婴幼儿照护临时托从业人员制定了详细的管理办法；最后，从申请流程、培训认定、日常管理三个方面为"阳光小伢儿"婴幼儿照护志愿者培训制定了管理办法。未来，拱墅区政府会紧跟国家脚步，在国家顶层设计的基础上实时动态调整拱墅区托育政策的一些规范和标准，争取提供更加完善的托育服务。

2. 建设数字化托育监管平台

《拱墅区"阳光小伢儿"区域规划设置标准（试行）》中的第二大基本原则就是智

慧管理。拱墅区政府充分运用数字化改革红利，拱墅区妇幼保健计划生育服务中心聚焦"全周期托育服务、全流程机构监管、全方位数字决策"的目标，依托"城市大脑"数据驾驶舱，搭建了"阳光小伢儿·智慧妇幼监管服务平台"，联通各街道各社区妇女、幼儿、托育机构的分布情况及相关视频信息，打造数字家园沟通专区、数字保育培训专区、婴幼儿健康成长数字档案等数字化应用，引入云智能婴幼儿照护监控远程看护系统，实现远程监护以及部门间的数据贯通。通过聚焦托育服务、育儿指导、保健体检、机构监管，实现闭环入托，深化科学养育，简化健康流程。同时，智慧妇幼监管服务利用技术手段，实现了实时监控，家长可通过该平台查询和观看某些托育机构，特别是一些示范性驿站和普惠性机构的实时画面，从而实现远距离实时监控。

3. 搭建"托育一件事"便民平台

2022年4月，拱墅区推出"养育照护一键通"小程序，并正式在浙里办App上线。居民可通过"养育照护一键通"查询拱墅区所有的托育机构、成长驿站，其收费、地址、服务、托育名额等基本情况都已进行公示，从机构选择到报名，再到体检预约和正式入园可一站式完成。同时，居民通过"养育照护一键通"查询到的托育机构均是从机构备案信息系统里甄选出来的比较靠谱的托育机构，可以帮助居民实现放心托、安心托。此外，"养育照护一键通"实行动态管理，若某个托育机构接到较多投诉，且审查后投诉符合实际情况，将在约谈后被下架，从而保障平台托育机构的正规性。

"阳光小伢儿"托育服务的创新如图3所示。

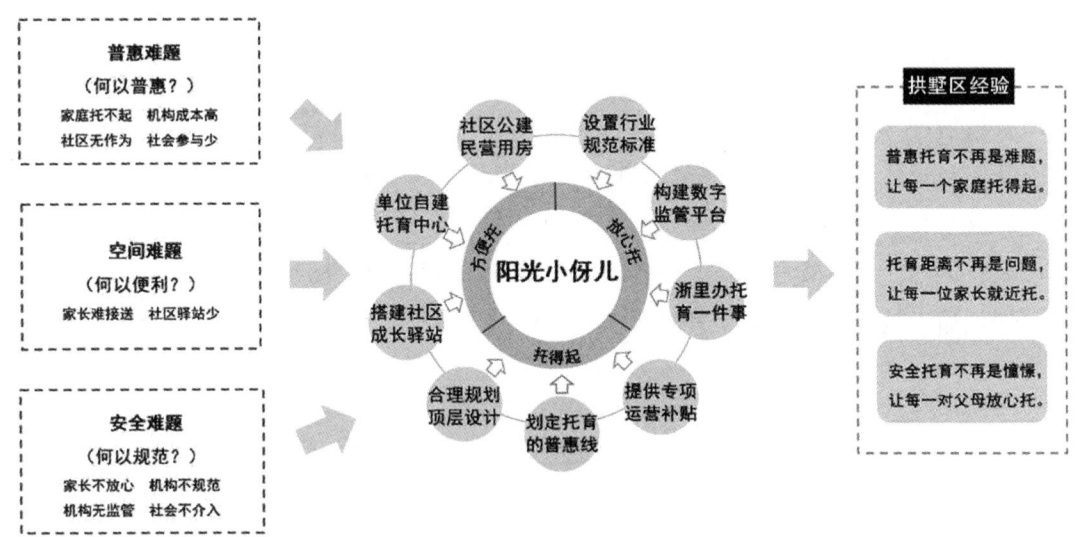

图3 "阳光小伢儿"托育服务的创新

三、存在问题及成因分析

（一）存在的问题

1. 普惠线"不普惠"，高收费"吓跑"低收入父母

截至2022年8月，浙里办App"托育一件事"平台显示，拱墅区有备案托育机构60家，平均托位费集中于每月2900～6800元，最高托位费高达每月10000元。拱墅区托育机构基本实现各街道全覆盖，普惠性托育机构的规模与数量较之于杭州市其他地区处于领先水平。拱墅区为普惠性托育机构无偿提供场地，引入有资质的第三方运营机构，在2022年8月将托位费控制在平均每月5020元，但对于普通家庭来说，依旧是难以承受的价格。《2021年拱墅区国民经济和社会发展统计公报》显示，2021年全年拱墅区全区居民人均可支配收入为77076元。以一个普通的三口之家为例，幼儿一年的托育费用占夫妻二人年均可支配收入总和的39.08%。这对于职场经验并不丰富，并且承担着城市买房购车压力和赡养家中老人职责的年轻夫妻来说，是一笔很大的育儿成本。[①] 而对于响应国家"三孩"政策的家庭来说，托育费用更是一笔很大的开支。托育机构普惠力度不够大、价格居高不下带来的经济压力直接影响了年轻家庭的托育意愿与生育意愿，让许多普通家庭对于托育"望而止步"。[②]

2. 居民需求多样，社区托育驿站难堪重负

现有托育服务模式较为单一，托管服务以看护为主，大多分为全日托、半日托两种类型。不同的家庭由于工作时间不同、教育需求不同，对于托育服务需求各异，这对托育服务机构的发展带来了巨大的压力。从时间上看，不同家庭由于不同的工作时间与工作方式，对全日托、半日托、晚托、计时托、临时托等托育服务有不同程度的需求。从内容上看，有些家庭倾向于选择以看护为主、价格实惠的托育班，有些家庭则更看重托育质量，倾向于选择费用较高但课程内容丰富的托育班。此外，人们针对不同课程如健康管理、通识教育、语言启蒙等的需求也存在差异。

[①] 侯佳伟，周博，梁宏."三孩"政策实施初期广东女性的生育意愿与托育服务、育儿假[J].南方人口，2022，37（3）：39-52.

[②] 王雅楠，高传胜，刘竞龙.家庭托育需求测度及其影响因素研究——基于自动机器学习算法[J].社会保障研究，2022（2）：81-94.

3. 专业师资短缺，社工扛起育儿重任

从当前从业人员的收入来看，56%的托育教师月收入在3000元以下，但有41%的教师每天工作时间超过8小时。待遇偏低极大地挫伤了托育服务人员的工作积极性，间接地导致了教师流动性强。[①] 调查结果显示，31%的教师从事婴幼儿早期发展教育时间少于2年，90%的教师至少换过1次工作，30%的教师换过3次工作，40%的教师换过4次工作。[②] 教师队伍不稳定既不利于婴幼儿的健康成长和教师的自身发展，也不利于托育行业的长期健康稳定发展。此外，目前尚未建立完善的专业职称评价体系和培训机制，教师发展空间受限，无证上岗现象比较严重，托育机构的师资一般用育婴师、幼儿教师、社工替代，这不能满足0—3岁婴幼儿早期发展的行业资质要求，也无法保障托育机构的服务质量。

（二）成因分析

1. 托育成本下降难，难在政府补助不足、经营成本高昂

拱墅区为普惠性托育机构无偿提供场地，并于浙里办App"托育一件事"平台免费提供线上宣传，将普惠性托位费控制在每月3000元左右。但目前的普惠价格依旧较高，其原因在于多方面因素导致托育机构的经营成本居高不下。第一，用具费用高昂。由于0—3岁婴幼儿的特殊性与脆弱性，托育机构对其使用的教具要求很高。教具要经过专业机构设计、采用高安全性材料、兼顾适用性和开放性，因此相较于普通教具，价格要高出几倍甚至几十倍，该部分费用完全由机构自身承担。第二，人力成本高昂。托育机构需要聘请专业教师、保育师、幼儿医生、配餐师等为幼儿提供专业保育早教课程与健康保障。第三，维护费用高昂。场地每日需要进行消杀且各种用具需要定期清洁换新，导致运行成本高昂，难以下降。

2. 多方矛盾化解难，难在多主体各自为政、缺少统筹管理

由于缺乏多方保障机制与统一的管理体系，多方主体矛盾不断激化，导致婴幼儿家长对于托育机构及社区的信任程度普遍偏低。第一，由于缺乏统一的管理体系，社区的托育驿站与托育机构并没有形成良性互补的服务关系，社区虽然引入了市场力量，但是

---

① 陶艳兰.中国儿童照顾政策建议的碎片化与整合性公共托育体系建构[J].当代青年研究，2022（3）：108-117.

② 张婵娟.0—3岁托育机构从业人员现状分析及对策研究[D].上海：上海师范大学，2019.

在某些角度上看,社区托育驿站与市场机构形成了竞争关系。第二,由于托育机构背后缺少政府"站台",消费者对于机构信任度低,在遇到风险时会要求退费,使机构损失惨重。第三,处于起步阶段的托育行业受到新冠疫情较大的影响,如何加大对托育机构的政策扶持力度与补贴,成为增强托育行业企业活力、支持其长期可持续发展亟待解决的难题。

3. 社区托育驿站承接难,难在服务力量单一、开展形式单调

当前社区托育驿站大多时候是社工在提供托育服务,服务力量相对薄弱。一方面没有很好地引进市场要素,另一方面家长、志愿者等社会力量参与力度不足。此外,拱墅区0—3岁婴幼儿托育服务实践模式较为单一。托育机构根据不同的托育功能需求,可分为保育型、早教型、保育兼早教型。根据不同的托育时间需求,可分为全日制、半日制、计时制、晚托、假期托管等多样化托育服务方式。然而,拱墅区社区托育驿站在服务内容上以婴幼儿保育为主,能兼顾早教或侧重于早教的机构较少,时间上以全日制、半日制为主,没有形成包含不同教育理念、不同层次、灵活多样的托育服务体系,无法打造优质型服务,无法满足不同主体的多样化需求。

4. 专业师资招聘难,难在薪资待遇较差、培养体系不健全

3岁前婴幼儿处于快速成长期,自我保护能力差,因此托育工作更需要托育从业人员具有较强的专业性和科学性。但托育领域人力资源严重缺失。人力资源缺失的原因主要包括以下三点。第一,托育从业人员培养体系不完善,这是导致专业师资力量薄弱的根本原因。当前大部分高校、职校暂未开设0—3岁婴幼儿托育相关专业,婴幼儿护理、早期教育等方面的专业人才缺失,导致托育服务体系构建所需的人力资源供不应求。[1] 第二,托育行业整体薪资待遇较低、福利保障较少、社会地位较低以及人员流动性较强直接导致了年轻人不愿从事该行业。第三,相较于公办幼儿园与小学,大部分托育从业人员没有编制,多数年轻人就业时倾向于选择更稳定的工作,导致托育成为"冷门职业"。[2]

"阳光小伢儿"服务中存在的问题及成因如图4所示。

---

[1] 贺鹏丽,何芳馨.渐进均衡与间断革新:新中国托育师资政策变迁探析[J].教育研究与实验,2022(3):73-79.

[2] 秦旭芳,宁洋洋.0~3岁婴幼儿家长对托育服务机构的需求偏好及支付意愿研究——基于华东地区和东北地区的数据[J].教育学报,2022,18(3):103-116.

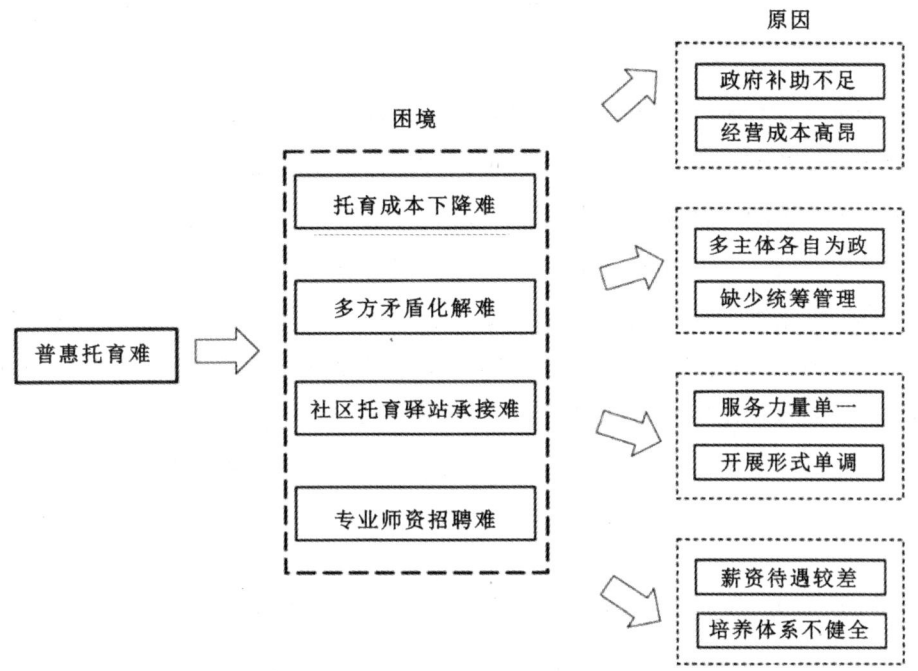

图4 "阳光小伢儿"服务中存在问题及成因

四、对策与建议

（一）发挥经济政策杠杆作用，建立托育奖补津贴体系

调研发现，大部分家长受访者表示，住所附近的托育机构收费过高，政府划定的普惠线还有降低的空间。由此可见，实现完全的普惠性托育仍任重道远。经学者测算，若完全由政府为我国近4000万名3岁以下婴幼儿提供普惠性托育服务，每年至少需要投入5181.6亿元。因此必须在适度扩大财政投入的同时，完善土地、财税、金融等方面的支持政策。据此，研究团队提出如下建议。

一是针对机构，降低其经营成本以减少托育费用。以政府为主导的公共托育服务应该更多地发挥兜底保障作用，为确实有照顾困难与经济困难的家庭提供福利性照顾服务；而以社会力量为主导的社会化托育服务应面向中（低）收入与高收入家庭不同需求，提供更为细致的个性化服务。为降低经营成本，应建立各级政府共同负责及社会组织参与的早期教育成本分担机制，在预算范围内加大支持力度，给予建设补贴。比如，可对设施资源、生源及教师补贴等进行财政投入，并为符合低费用、多时段、高质量的机构提供免增值税、折扣纳税额度、针对租赁免征契税及基础设施配套费等，其用水用电用气用热可以按照居民生活类价格执行①，从而满足其生存需求，激发其发挥示范引领作用。

二是针对社区与居民，建立阶梯化的补贴以及托育券机制。一方面，由于各个家庭的经济状况存在差异，统一的托育补贴使得家长对其的认同感存在差异，因此可以尝试建立阶梯化补贴机制，由社区对居民经济状况进行测评后上报，将有限的补贴资源更多地向迫切需要帮助的家庭倾斜。另一方面，政府根据调查结果面向育龄家庭发放不同面额的托育券，将家庭的托育责任"货币化"，推动由补助托育机构向直接补助服务需求方的转变。育龄人群凭借托育券直接选择心仪的托育机构，而托育机构则凭借收取的托育券换取政府的财政补助，这样能够实现育龄父母的自主选择和托育机构之间的良性竞争。因此，托育券制度在通过重新确立收益负担提升托育资源配置效率的同时，也通过收入再分配实现了托育福利保障功能。

（二）明确政府主导统筹责任，建立社区中心协商体系

一是明确政府责任，对各个主体进行统筹管理、协商指导。首要的是建立政府主导、多元主体统筹协调与有效合作的工作机制。在社区、机构与消费家庭产生利益冲突时，政府部门要在大局上对托育服务进行通盘考量，厘清相关主体职责，适时出台相关法律法规，规范各主体行为。为此，可以由有关部门牵头建立并完善联席会议制度，积极了解各方困境与需求。例如，消费家庭与机构产生退费冲突时，可由政府部门界定是否符合退费标准，及时化解多方矛盾。

二是鼓励社区履行作为"信息交汇点"的义务，积极组织主体协商。在托育服务供给过程中，社区通常成为居民、机构与社会力量相互连接的交汇点。此时，社区作为中心，可以积极联系各个主体。例如，可以鼓励辖区的托育机构派代表参与居民议事会、社区论坛等，就家庭式托育服务的进驻和管理进行民主协商，明确街道、居委会、物业、居民、机构的责任，制定办托社区公约；组建多方联合监督小组，定期对本社区家庭式托育点进行安全排查，并将结果在社区进行公示；鼓励托育园参与社区公共服务，增强园区与社区的互动。社区作为居民与成长驿站的"代言人"，应积极与机构进行沟通，促进各个主体在"各司其职、各安其位、各尽其责"的过程中形成良性互动，最终实现不同层次的多样化托育服务的有效供给与包容性发展。

政府统筹多元主体模式如图5所示。

---

① 王雅楠，高传胜，刘竞龙.托育服务发展中的社会力量与政府作用——基于上海市民办托育机构空间分布的公平与效率分析[J].当代经济管理，2022（12）：39-49.

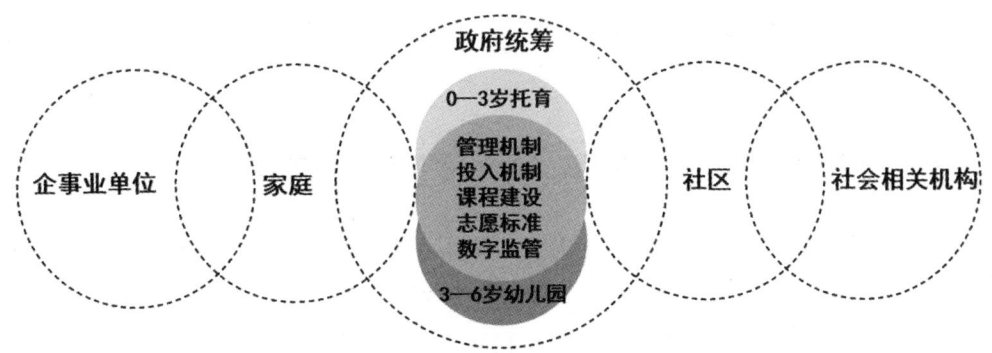

图5 政府统筹多元主体模式

（三）完善早期托育服务政策，构建托育混合照护体系

调研发现，就当前群众的托育需求来看，提高托育服务供给质量与提升托育服务供给数量同样重要。目前，我们仍需关注托育服务的高质量发展，使托育服务能够很好地适应公众日益增长的多层次、多样化需求。①

一是尽快明确各类托育机构的功能定位，构建托育混合照护体系。在明确政府责任的同时，充分调动社会力量参与服务供给，并根据不同主体的服务特征，鼓励其提供不同的托育服务，从而健全托育服务供给体系。例如，民营高收费托育机构为高消费家庭提供个性化托育服务；普惠性托育机构根据居民需求开设托育课程，提供半天托、全天托服务；同时，可以鼓励有条件、符合资质的家庭开展家庭式照护，提供社区内家庭迫切需要的小时托、临时托服务。通过将私人供给与政府供给结合，在现有的机构、社区提供托育服务的基础上，吸收家庭托育"小、近、灵"的优点，初步建立满足居民各类托育需求的多层次服务供给体系，从而避免托育服务供给陷入均质化困境。

二是科学配比时间政策，探索实行合理的父母育儿假制度。《"十四五"积极应对人口老龄化工程和托育建设实施方案》提出，到2025年，在中央和地方共同努力下，坚持补短板、强弱项、提质量，进一步改善养老、托育服务基础设施条件，推动设施规范化、标准化建设，增强兜底保障能力，增加普惠性服务供给，提升养老、托育服务水平，逐步构建居家社区机构相协调、医养康养相结合的养老服务体系，健全县乡村衔接的三级养老服务网络，不断发展和完善托育服务体系。但目前八成以上婴幼儿还是由家庭照护，家庭仍是婴幼儿照护的绝对主体。孩子生病或有其他突然需要父母照顾的情况出现时，育儿假能有效避免父母因此旷工并导致经济损失。国外相关研究发现，父母育儿假是促进生育最有效的激励政策之一，并且对于提升女性就业公平有一定的积极作

---

① 樊晓娇，陈炜.家庭式托育服务供给：特点、困境与出路——基于广州市F品牌托育园的调查[J].中州学刊，2022（5）：66-74.

用。因此，根据实际情况适当提供时间更长、方式更为灵活的育儿假非常有利于家庭托育服务的供给与生育率的提升。

（四）引入激励提升福利待遇，健全托育师资培养体系

一是提升托育师资待遇，引入相对完善的激励机制。首先，积极解决托育师资待遇低的问题，保障从业人员的合法权益，健全薪酬保障机制，逐步提高从业人员的薪资待遇，为其安心从教提供有力的经济保障。其次，分阶段消除保育员和幼儿教师的不平等待遇，在职业地位上予以同等对待。最后，完善托育服务从业人员职业晋升通道，畅通职称、职业技能等级的认证渠道，并加强社会支持，营造尊师重教的良好风尚，提升教师的职业荣誉感及职业吸引力。

二是加强人才队伍建设，建立健全托育师资培养体系。当前，托育服务从业人员的收入水平与社会地位仍然较低，松散的雇佣关系导致托育服务从业人员的社会保障和职业福利碎片化，不利于托育人才的培养、选拔与留任。为此，一方面，可以考虑将婴幼儿照护服务相关专业设置为紧急学科开展定向师范生培养，并通过发放艰苦补助金或延长学生的无息还贷期限，吸纳更多的人才选择相关专业。另一方面，可以借鉴国外的"快车项目"，引入竞争机制，由政府来招聘和保留最有能力的毕业生，给予教师申请事业编制的机会和经费补贴，助推从业人员不断成长，缩小托育专职教师与其他教育阶段教师的薪资差距，并为其提供额外的培训、职业支持等。[①]

📖 案例点评

对于适龄父母而言，在生育政策持续调整的背景下，托育服务缺失导致的"照护赤字"成为制约其生育行为的关键因素，深刻地影响着生育政策调整的效果和生育水平提升的空间。婴幼儿托育机构作为积极生育支持措施的重要组成部分，是应对婴幼儿照护难题，实现"幼有所育"的重要载体。在全国托育服务越发受到政府部门关注的大背景下，浙江省着力打造"浙有善育"标志性成果，杭州市全面优化生育保险政策，实施了一系列托育领域的先行举措。杭州市拱墅区作为全国婴幼儿照护服务示范点，聚焦打造"15分钟婴幼儿照护服务圈"，在托育服务领域取得了丰硕成果，为杭州乃至全国的托育建设提供

---

① 陈宁，高卫星，陆薇，等.婴幼儿托育机构发展瓶颈、政策需求与治理取向——基于河南省2679个托育机构的调查[J].人口研究，2022，46（2）：117-128.

了样本。拱墅区是杭州老区,居民托育需求大,具有较强的代表性,因此拱墅区的托育服务发展历程,也能为全国托育领域优化发展提供相关经验借鉴。

拱墅区"阳光小伢儿"托育服务有其先进性,也存在一定的局限,应在实践中发现托育机构发展的短板和瓶颈,精准把握政策需求,并据此谋划托育机构体系的治理策略,为婴幼儿照护服务供给体系的完善奠定基础。同时,要从更宽的视野优化托育服务供给体系,促进托育服务下沉社区,丰富托育服务的开展形式,尝试构建托育券制度,推动托育机构的可持续发展,进而实现国家、社会和家庭"人口再生产"责任的共担。

(点评人:周亚越 教授)

参 考 文 献

[1]"亲""清"风来天地新——政协委员谈落实习近平总书记参加全国两会民建、工商联委员联组会重要讲话精神[EB/OL].（2019-02-21）[2024-02-21]. http：//www.cppcc.gov.cn/zxww/2019/02/21/ARTI1550709882149219.shtml.

[2杭州城市大脑推出"线上行政服务中心"涉企审批"一键"直达[OL/N].（2020-07-19) [2024-02-04]. http：//zjrb. zjol. com. cn/html/2020/07/19/content_3348558. htm？ div=-1.

[3]沈毅俊.基于AngularJS的单一页面web应用图形用户界面的测试研究[D].上海：上海师范大学，2016.

[4]庞宇.协同治理视角下政府网站建设探析[J].行政与法，2019（10）：29-39.

[5]后向东.论营商环境中政务公开的地位和作用[J].中国行政管理，2019（2）：17-22.

[6]彭向刚，马冉.政务营商环境优化及其评价指标体系构建[J].学术研究，2018（11）：55-61.

[7]傅荣校.智慧城市的概念框架与推进路径[J].求索，2019（5）：153-162.

[8]刘淑春.数字政府战略意蕴、技术构架与路径设计——基于浙江改革的实践与探索[J].中国行政管理，2018（9）：37-45.

[9]李增元，刘上上.新时代社会治理共同体的历史渊源、理论基础及内涵阐释[J].行政论坛，2021，28（4）：106-112.

[10]尚虎平，韩清颖.我国"无缝隙政府"建设的成就与未来——以无缝隙政府工具为标准的评估[J].中国行政管理，2014（9）：75-80.

[11]浙江日报.搭建数字场景破难题 余杭区仓前街道探索未来治理新模式[EB/OL].（2020-09-15）[2024-02-01]. http：//zjrb. zjol. com. cn/html/2020/09/15/content_3366469. htm？ div=-1.

[12]新蓝网.在磨难中成长 从磨难中奋起：余杭——数字经济"第一区"的基层治理大考[EB/OL].（2020-03-10）[2024-02-01].http：//n.cztv.com/news/13428110.html.

[13]浙江新闻客户端."红茶议事会"赋能"微治理" 拱墅小河街道三方协同常态长治[EB/OL].（2020-12-02）[2024-02-01].https：//zj.zjol.com.cn/news.html？id=1574210.

[14]章富阳，方卫军.深化林改 盘活淳安山水资源[J].浙江林业，2019（4）：30-31.

[15]张青兰，吴璇.生态风险治理：从碎片化到社会治理共同体的转向[J].湖南科技大学学报（社会科学版），2021，24（5）：126-132.

[16]陈娟.数字政府建设的内在逻辑与路径构建研究[J].国外社会科学，2021（2）：74-83.

[17]徐聪.公共选择理论与城市生态环境治理[J].合作经济与科技，2008（15）：124-125.

[18]赵新峰，袁宗威.京津冀协同发展背景下雄安新区整体性治理的制度创新研究[J].行政论坛，2019，26（3）：51-61.

[19]林春丽.我国公共管理与服务人才培养探索——基于整体性治理的视角[J].领导科学，2011（8Z）：40-42.

[20]胡象明，唐波勇.整体性治理：公共管理的新范式[J].华中师范大学学报（人文社会科学版），2010（1）：11-15.

[21]冯布泽.基于整体性治理的京津冀地区生态环境协同治理研究[D].秦皇岛：燕山大学，2015.

[22]李建伟，吉文桥，钱诚.我国人口深度老龄化与老年照护服务需求发展趋势[J].改革，2022（2）：1-21.

[23]吴玉韶，王莉莉，孔伟，等.中国养老机构发展研究[J].老龄科学研究，2015，3（8）：13-24.

[24]陈功，索浩宇，张承蒙.共建共治共享的社会治理格局创新——时间银行的可行路径分析[J].人口与发展，2021，27（1）：16-24.

[25]侯佳伟，周博，梁宏."三孩"政策实施初期广东女性的生育意愿与托育服务、育儿假[J].南方人口，2022，37（3）：39-52.

[26]王雅楠，高传胜，刘竞龙.家庭托育需求测度及其影响因素研究——基于自动机器学习算法[J].社会保障研究，2022（2）：81-94.

[27]陶艳兰.中国儿童照顾政策建议的碎片化与整合性公共托育体系建构[J].当代青年研究，2022（3）：108-117.

[28]张婵娟.0—3岁托育机构从业人员现状分析及对策研究[D].上海：上海师范大学，2019.

[29]贺鹏丽,何芳馨.渐进均衡与间断革新:新中国托育师资政策变迁探析[J].教育研究与实验,2022(3):73-79.

[30]秦旭芳,宁洋洋.0～3岁婴幼儿家长对托育服务机构的需求偏好及支付意愿研究——基于华东地区和东北地区的数据[J].教育学报,2022,18(3):103-116.

[31]王雅楠,高传胜,刘竞龙.托育服务发展中的社会力量与政府作用——基于上海市民办托育机构空间分布的公平与效率分析[J].当代经济管理,2022(12):39-49.

[32]樊晓娇,陈炜.家庭式托育服务供给:特点、困境与出路——基于广州市F品牌托育园的调查[J].中州学刊,2022(5):66-74.

[33]陈宁,高卫星,陆薇,等.婴幼儿托育机构发展瓶颈、政策需求与治理取向——基于河南省2679个托育机构的调查[J].人口研究,2022,46(2):117-128.